Santé & Bien-être

MW01715473

Marion Grillparzer

BRÛLEURS DE GRAISSES

ALIMENTS, NUTRIMENTS, RÉGIMES

- Les aliments qui font fondre les graisses
- Amincisseurs : nutriments essentiels, protéines et enzymes
- Supplément : régime bio — 5 kilos perdus en 10 jours

VIGOT

Table des matières

PRATIQUE

Préambule

Les écrits théoriques sur la minceur ne manquent pas. Dans la pratique toutefois, deux conseils seulement s'avèrent efficaces pour mincir : *manger bien et faire du sport.*
Dans ce livre, nous souhaitons vous aider à adopter un nouveau mode de vie sous le signe de l'énergie, sans effort démesuré de volonté, simplement en vous incitant à manger les bons aliments, *ceux qui brûlent les graisses et non ceux qui les fixent.*
Si vous comprenez le fonctionnement du métabolisme et combinez judicieusement les aliments frais, les kilos fondront tous seuls. Et ce n'est pas tout : vous n'aurez plus le sentiment d'être trop enveloppé(e) et vous vous sentirez plein(e) de vitalité et de bonne humeur.
L'alimentation quotidienne n'apporte pas seulement des calories. C'est le carburant du bien-être, de la bonne humeur et d'un corps sain. L'organisme a besoin de toutes les substances mises à sa disposition par la nature : les protéines, les bons glucides, les huiles végétales, et bien sûr aussi les vitamines, les sels minéraux, les oligo-éléments et les précieux composés secondaires des végétaux (substances allélochimiques). Sans ces nutriments essentiels, le métabolisme ne se fait pas correctement : les aliments – au lieu de servir de source d'énergie au cerveau et aux muscles – se greffent en bourrelets disgracieux Vous vous sentez abattu(e) et sans volonté.
Dans ce guide, nous vous présentons les aliments participant à la fonte des kilos, les combinaisons qui renforcent leurs effets et les aliments auxquels il vaut mieux absolument renoncer. Vous apprendrez comment votre métabolisme réagit aux protéines, aux lipides et aux glucides, et comment mettre à profit les connaissances ainsi acquises. Enfin, vous verrez pourquoi il est absolument indispensable de faire 30 minutes de sport par jour.
En vous alimentant plus intelligemment, vous découvrirez comment faire le plein d'énergie et de bonne humeur, et surtout comment vous débarrasser une fois pour toutes de vos problèmes de poids. Dix jours suffisent, dix jours pour suivre le régime de remise en forme proposé à la fin de ce livre. Vous verrez, dès que les premiers kilos disparaissent, c'est une nouvelle vie qui commence.
Bonne lecture et… bon appétit !

Marion Grillparzer

La voie de la minceur…

…n'est pas forcément un chemin de croix ou de frustration, bien au contraire. Un régime, c'est un mode de vie : votre mode de vie. Ce nouvel art de vivre peut vous combler de bonheur, vous rendre pleinement épanoui(e), révéler en vous une nouvelle personne pleine d'enthousiasme et de sérénité.
Pour faire fondre vos kilos, il n'est pas besoin d'une volonté de fer ou d'une discipline stricte : il suffit d'apprendre à connaître quels sont les aliments bons pour l'organisme.
Apprendre comment le métabolisme réagit par rapport aux protéines, aux lipides et aux glucides.
Apprendre quels aliments font mincir, alors même que l'on mange.
Apprendre enfin que l'on ne peut maigrir sans faire de sport.

Trois étapes vers une vie nouvelle

Vous n'êtes pas content(e) de votre silhouette ? Vous avez essayé d'innombrables régimes, coupe-faim et pilules... et les kilos résistent. Vous n'êtes pas seul(e). Environ un Français sur deux souffre de problèmes de poids. Comment expliquer ce phénomène ?

Les bons et les mauvais consommateurs d'énergie

Les gens minces consomment plus d'énergie

Lorsqu'on y regarde de plus près, l'explication de l'embonpoint est physique : à savoir *l'énergie ne se perd pas*. L'énergie fournie à l'organisme sous forme de calories est transformée par celui-ci pour maintenir la température du corps constante, pour se déplacer et enfin pour réparer des milliards de cellules : tout ce dont l'organisme n'a pas besoin se transforme en bourrelets disgracieux et forme des réserves d'énergie.

Prenons exemple sur les gens minces

● Certaines personnes exploitent les aliments mieux que d'autres. Les scientifiques ont constaté que le métabolisme des gens minces était si actif qu'ils transformaient plus de calories en chaleur. Une tarte disparaît pour ainsi dire en fumée uniquement pour maintenir constante la chaleur du corps. Pour d'autres apparemment, il suffit qu'ils sentent le fumet d'un rôti pour prendre un kilo. Cette différence est mesurable : les gens minces utilisent en moyenne 400 klcal/jour d'énergie en plus, soit une grosse part de tarte.

Les bourrelets sont des réserves d'énergie

● Les gens minces bougent aussi beaucoup plus : ils éliminent leur steak-frites par le travail musculaire, sans pour cela recourir à la

CONSEIL !

La voie vers l'embonpoint...

...passe par trois erreurs et conduit à l'impasse :

- Régimes
- Longues soirées devant la télévision
- Sucres et plats préparés.

Vous êtes dans l'impasse et souhaitez en sortir ? Bannissez ces trois comportements et optez pour :

- La pratique du sport
- Les aliments brûleurs de graisses.

Changez de méthode. Soignez votre corps, vous vous sentirez renaître !

L'exemple des gens minces : constamment en mouvement, ils mangent sans se priver et donnent à leur corps ce dont il a besoin.

salle de sport. Les gens minces s'activent du matin au soir : ils se brossent énergiquement les dents, ils se hâtent même pour aller chercher le journal, parlent avec les mains, sautent de leur siège... Ayant plus d'énergie, ils en consomment plus.

Savourez intelligemment pour mincir

- Les gens minces peuvent manger ce qui leur plaît et s'arrêter lorsqu'ils n'ont plus faim. Ils n'ont pas d'interdit et sont à l'écoute de leur corps. Leur organisme demande ce dont il a besoin et le reçoit.
- L'alimentation des gens minces est plus riche en énergie. Pas un repas sans brûleurs de graisses : légumes, fruits, poissons, volailles ou yaourts, des aliments qui favorisent tous un métabolisme harmonieux.

L'explication est-elle génétique ?

En théorie, nous pouvons tous devenir gros. Dans le cours de l'évolution humaine, les seuls qui avaient une chance de survivre étaient ceux qui pouvaient engranger des réserves pour les temps de disette, qui duraient des jours, voire des semaines.

Réserves pour les temps de disette

C'est pourquoi le message suivant reste inscrit dans nos gènes : *mange autant que tu peux, bouge le moins possible – fais des réserves d'énergie*. À notre époque, rien de plus facile : plus personne ne doit chasser son rôti ou cueillir des racines, il suffit d'ouvrir le réfrigérateur. Dans le fond, tous les humains sont génétiquement programmés pour devenir gros. Tout dépend en fait de leur mode de vie ; autrement dit, s'ils ont une alimentation équilibrée et s'ils font suffisamment d'exercice.

Première étape : méfiez-vous des régimes

Très souvent, on commence à grossir de la manière suivante : pour perdre quelques kilos superflus, vous avez suivi le premier régime qui se présentait, vous avez cuisiné « allégé », grignoté des coupe-faim, puis vous avez craqué pour une pizza, une pâtisserie ou une glace. Très vite, les kilos superflus ont doublé. Vous avez alors essayé la « pilule minceur », avec succès dans un premier temps, mais après quelques semaines, plus possible de boucler la fermeture éclair du jean. Après une nouvelle phase de frustration, vous avez rassemblé toute votre énergie pour suivre le nouveau régime-miracle.

Vous n'êtes pas seul(e) dans ce cas. Pour 95 % des « gros », les régimes sont le début de l'embonpoint. Ce phénomène d'aggravation par les régimes est bien connu : c'est l'effet de yo-yo.

Lorsque le jean est trop serré, on se met vite au régime. Mais souvent, il serre encore plus après.

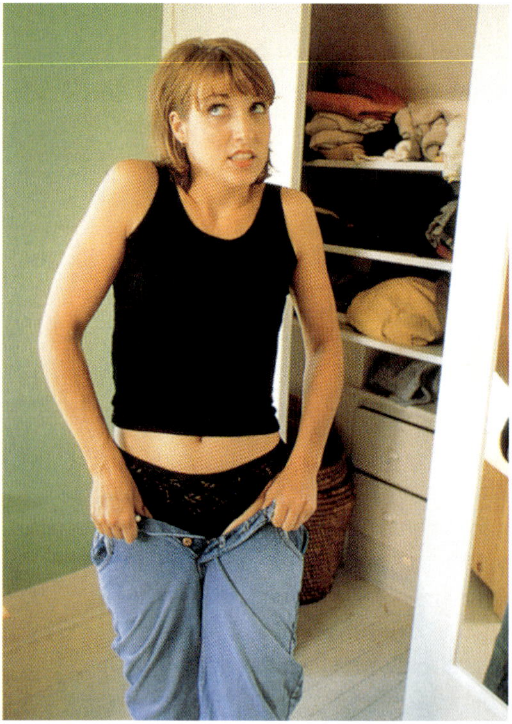

L'organisme tourne à bas régime

Nous avons besoin de 2 000 à 2 400 kilocalories/jour. Suffit-il alors d'absorber moins d'aliments qui font grossir pour mincir ? Non ! Car notre organisme sait se rationner. Dans un premier temps, il réduit la consommation d'énergie. Imaginons la chose : les *mitochondries*, petites chaudières de nos cellules, brûlent moins d'aliments. Elles produisent ainsi moins de chaleur et convertissent moins de calories en énergie. L'organisme entier est rationné, se déplacer devient plus difficile, on se sent plus fatigué et la température corporelle chute quelque peu.

Le régime vous rationne

Sucres, puis protéines – mais pas de graisses

Comme les réserves de sucre sont plus aisément accessibles que les graisses, le corps se sert en cas de « famine » dans les réservoirs de glucose du foie et des muscles. Environ 500 g de sucre sont disponibles dans ces organes. La combustion du sucre vous fait abondamment transpirer, ce qui explique les premiers succès de nombreux régimes, confirmés par le poids indiqué par la balance.

À peine avez-vous minci avec difficulté que l'aiguille remonte comme un yo-yo vers le haut.

Dans un premier temps l'organisme perd de l'eau

L'organisme est alors dérouté : comme il a besoin de sucre pour le cerveau, il doit entamer ses précieuses protéines corporelles pour les convertir en sucre. Résultat : le système immunitaire et les centres de réparation fonctionnent à bas régime, les muscles fondent.
En une semaine, vous avez réduit la ration calorique, tout comme votre poids, mais en vérité vous n'avez pas perdu un seul gramme de graisse. C'est seulement au début de la deuxième semaine que l'organisme s'attaque aux bourrelets disgracieux. Mais souvent, on est déjà lassé du régime, et l'on recommence à grignoter tout contrit des chips dans son fauteuil devant la télévision et à prendre encore plus de kilos.

L'effet bien connu de yo-yo

La manne des kilos en trop

L'aiguille oscille comme un yo-yo : elle descend et regrimpe aussi sec. Personne ne peut vous sortir de ce cercle vicieux. L'industrie du régime se frotte les mains : elle gagne en effet des milliards sur les kilos superflus. L'industrie pharmaceutique se réjouit : les pilules minceur font fureur. Les éditeurs de magazines sont contents : un magazine accompagné d'un régime voit ses ventes grimper de 20 %. L'industrie de l'habillement est également satisfaite, car il vous faut chaque année changer de taille pour vos vêtements…
► Changez de vie : renoncez à économiser les calories. Pour mincir, il faut manger !

Combien pesez-vous ?

Oubliez l'ancienne formule du poids idéal (taille – 100, moins 10 à 15 %). Elle ne signifie rien, car elle ne tient pas compte de la constitution.

IMC : la bonne mesure du poids

L'idéal est un IMC entre 19 et 25

L'indice de masse corporelle (IMC) est plus précis et scientifiquement fondé. Vous pouvez prendre une calculatrice pour vous aider (voir l'encadré).
Les différentes plages sont les suivantes :

- IMC < 19 : maigreur
- IMC de 19 à 25 : plage normale
- IMC de 25 à 30 : surcharge pondérale
- IMC > 31 : obésité

Oubliez la balance. En faisant du sport tous les jours, vous perdrez de la graisse et vous gagnerez des muscles.

Environ un Européen sur deux est atteint de surcharge pondérale : plus de 50 % des adultes ont un IMC supérieur à 25 ; 22 % se situent entre 30 et 40, et 3 % dépassent même 40. L'âge et le sexe sont également souvent pris en compte dans le calcul de l'IMC. On estime qu'une personne âgée pèse un peu plus qu'une personne jeune et qu'un homme pèse un peu plus qu'une femme.
Seul inconvénient de l'IMC : il ne fait aucune différence entre les kilos de graisse et les kilos de muscle. Un adepte du body-building bardé de muscles pourra ainsi être rangé parmi les obèses. Dans les cas de ce type, il faut recourir à des balances mesurant le taux d'adiposité corporelle, qui est la proportion de graisses du corps.

Formule de calcul de l'IMC

$$\text{IMC} = \frac{\text{Poids (kg)}}{\text{Taille (m)}^2}$$

Pour une femme de 65 kg et de 1,70 m, l'IMC est de : 65 / (1,7 x 1,7) = 22,5

Le rapport taille/hanches pour mesurer les risques de santé

Les bourrelets ne sont pas forcément dangereux pour le cœur et la circulation. En effet, tout dépend de l'endroit où ils se trouvent. Au même titre que l'IMC, la répartition graisseuse joue donc un rôle : elle est mesurée par le rapport taille/hanches (RTH) qui différencie « gynoïdes » et « androïdes ». Les femmes sont le plus souvent gynoïdes avec des réserves de graisses sur les hanches et les cuisses, type de répartition qui entraîne moins souvent des affections cardiaques ou circulatoires.

La répartition des graisses est déterminante

Le type androïde est plus répandu chez les hommes. Les réserves d'énergie sont stockées tout autour du ventre. Les androïdes sont menacés d'obésité et sont plus sujets à l'infarctus du myocarde.

Êtes-vous androïde ou gynoïde ?

$$RTH = \frac{\text{tour de taille}}{\text{tour de hanches}}$$

Le type gynoïde court un risque moins élevé : dans l'idéal, le RTH ne devrait pas dépasser 0,85 chez les femmes et 1 chez les hommes.

Deuxième étape : éteignez votre poste de télévision

C'est bien connu, les statistiques disent n'importe quoi. Telle étude affirme que les lipides font grossir, telle autre que ce sont les glucides. Toutefois, s'il existe un seul élément qui fait l'unanimité concernant la prise de poids, c'est bien la télévision. Toutes les études font apparaître un lien évident entre les heures passées devant le téléviseur et le nombre de kilos gagnés. Qui regarde beaucoup la télévision grossit. Cela commence dès l'enfance. Aussi, les parents américains mettent-ils leurs enfants sur une bicyclette couplée à la télévision !

Tout le monde est d'accord : la télévision fait grossir

Sans exercice, vous ne perdrez pas un seul kilo

Aucun régime ne réussit sans sport ! Il y a 4 millions d'années, l'homme a décidé de marcher debout, et pour qu'il puisse cueillir des racines et des baies ou chasser le buffle, la nature l'a doté de douze kilos de muscles. À eux seuls, nos 500 muscles squelettiques maintiennent notre colonne vertébrale et notre tête droites et nous aident à serrer les mains et à monter les

escaliers ; ils brûlent la graisse pour nous réchauffer, maintiennent notre peau tendue, notre corps mince et nous aident à rester jeunes.
Mais ces muscles s'étiolent s'ils ne sont pas sollicités.
Comme nous sommes souvent assis et que le sentiment de gêne envers notre corps nous amène, dans le meilleur des cas, une fois par semaine au cours d'aérobic ou dans la salle de gym, nos muscles fondent.

Les muscles diminuent en permanence

Enfants, nous sommes tout en muscles. Parfois même, jusqu'à 20 ans. Malheureusement, la paresse s'insinue de plus en plus, nous perdons nos muscles lentement mais sûrement, et les bourrelets s'installent progressivement.
Avec la fonte des muscles, nous brûlons moins de graisses. Soudain, les cacahuètes ou les chips grignotées devant la télévision se répercutent le jour suivant sur la balance. Nous prenons alors des mesures, mais pas celles qu'il faudrait. Au lieu d'enfiler des baskets et de brûler des graisses, nous essayons de rogner sur les calories.

Plus on grossit, plus les muscles fondent et moins la combustion graisseuse se fait

Le sport – le plus efficace des brûleurs de graisses

Un matin au réveil, vous montez sur la balance et vous vous trouvez bien trop gros (se), le cœur plein d'amertume ? Vous vous sentez fatigué(e), sans entrain, bien trop lourd(e) pour cette vie ?
Dans ce cas, ne montez plus sur la balance, enfilez sans attendre vos baskets, mettez votre CD préféré et courez 10 minutes sur place.
Sautez ensuite autour de la pièce pendant 5 minutes. Vous sentez certaine-

IMPORTANT

Faites fondre les graisses

Le corps de la femme, par exemple, contient dans l'idéal 70 % d'eau et 20 % de graisses, dont 15 % de muscles. Une femme de 60 kg devrait donc disposer de 9 kg de muscles et de 12 kg de graisses. Chaque kilo de graisse contient des réserves d'énergie de 7 000 kilocalories. Toute personne ayant une surcharge pondérale doit se débarrasser de ces 7 000 kilocalories, c'est la seule solution. Vous verrez : grâce à la course ou à la marche, elles fondront comme neige au soleil.

Seuls les muscles brûlent des graisses

Il suffit d'essayer : bougez dès le matin – sur le balcon, dans un jardin, dans un parc – et votre journée prend un tour tout différent.

ment le mouvement vous gagner, comme un jeune enfant. Ne vous sentez-vous pas déjà mieux ?

▶ Conseil pour commencer : contentez-vous de ressentir les bienfaits de l'exercice.

Le pas le plus important vers une vie nouvelle : enfilez vos baskets !

Nous sommes nés pour bouger. Le fait d'entraîner ses muscles nous procure joie, vitalité et santé. En investissant chaque jour seulement 30 minutes de votre temps dans le sport, vos bourrelets disparaîtront, vos muscles réapparaîtront, votre peau retrouvera sa fermeté. Le mouvement renforce les os et les articulations, consolide le système immunitaire, fortifie les poumons, réduit les graisses dans le sang, prévient les infarctus, les attaques et les cancers, atténue les dépressions. En un mot, il rend heureux, fait mesurable par l'augmentation de l'endorphine, qui est le médiateur du bonheur dans l'organisme.

Vous n'avez même pas besoin de vous fatiguer

Il faut se dépenser pour être heureux

Lorsque vous êtes assis(e) sans rien faire, l'organisme se sert des réserves de graisses pour maintenir la température du corps constante, mais aussi pour les fonctions respiratoires et cardiaques. En une heure, vous dépensez ainsi 65 kcal, soit 7 g de graisses. Cela n'est pas beaucoup, certes, mais c'est toujours plus que lorsque vous jouez au tennis ou au squash ! Vous avez peine à le croire ? C'est incroyable, mais vrai ! Si l'un des réservoirs d'énergie dans lequel puise l'organisme est formé par les graisses, l'autre est constitué par les glucides. Pour mincir, il ne faut pas s'acharner à ce que votre organisme brûle rapidement les glucides : vous n'en avez que 500 g. Vous voulez que l'organisme ne cesse de brûler de la graisse. Ce n'est pas ce qui se passe si vous jouez au squash, si vous dévalez les pentes d'une montagne ou si vous piquez un sprint en VTT. Lorsque vous sollicitez trop l'organisme, celui-ci ne brûle plus des graisses mais des glucides, parce qu'il ne reçoit pas assez d'oxygène.

Pour brûler des graisses, ne vous surmenez pas. Courez tranquillement, avec un pouls inférieur à 130.

Le meilleur moyen d'activer l'élimination des graisses

La médecine du sport a permis d'établir qu'il ne fallait pas s'éreinter sur un appareil de musculation pour perdre des graisses. Au contraire : mieux vaut marcher, faire du jogging, du skateboard – et même laver ses vitres ou grimper les escaliers. La natation et le vélo ne sont efficaces que si l'on ne lutte pas contre un obstacle (eau ou vent) et qu'on laisse aller. Pour mincir, le mieux est la marche ou le jogging – avec une fréquence cardiaque raisonnable, soit moins de 130 pulsations/mn environ.

Nous avons deux réserves d'énergie, puisez dans la bonne

Le cœur ne doit pas s'emballer pour que les cellules musculaires soient suffisamment oxygénées, car celles-ci brûlent les graisses uniquement en présence d'oxygène, à raison de 70 grammes de graisse pure dans l'heure, soit dix fois plus que devant un téléviseur. Mais dès que le pouls franchit la barre des 130 ou 140 pulsations, l'organisme se remet à brûler des glucides

Courez sans vous mettre dans le rouge

La course fait baisser l'insuline, hormone de la prise de poids

Achetez un cardio-fréquencemètre qui vous avertit si vous courez trop vite. En courant 30 mn/jour à la bonne fréquence cardiaque, vous activez votre métabolisme de sorte qu'il brûle toujours plus de graisses. Et cela, même lorsque vous aurez quitté vos baskets. En effet, votre corps utilise par la suite plus de calories tout au long de la journée.
L'entraînement d'endurance fait par ailleurs baisser le taux d'insuline. Cette hormone responsable de la prise de poids (p. 27) ne passe en effet plus dans le sang et laisse agir le glycogène (p. 28).

Combien de temps faut-il courir ?

Des scientifiques ont établi qu'il fallait dépenser 2 000 kcal/semaine en faisant du sport. L'espérance de vie s'allonge alors d'un tiers, et le métabolisme se reconvertit durablement dans l'élimination des graisses.

Faites disparaître 000 kcal/semaine par le sport

- Si vous courez cinq fois par semaine doucement une demie heure et pratiquez 10 minutes par jour la gymnastique ou les haltères, vos cellules adipeuses disparaîtront rapidement.
- Dans le régime de remise en forme en dix jours (pages 72 et suivantes), si vous vous voulez aller plus vite dès le début, vous pouvez passer directement à 20 ou 30 minutes d'entraînement 2 fois par jour.

Les accessoires appropriés

Poids et haltères : nous vous recommandons de consacrer 10 à 15 minutes par jour à la pratique des poids et haltères pour deux raisons. Vous vous ferez rapidement des muscles, qui brûlent les graisses, et vous produirez l'hormone de croissance (page 44), qui est le plus puissant brûleur de graisses spécifique à l'organisme. Ces accessoires sont disponibles dans tous les magasins de sport.
Bande de latex ou ThéraBand : dans les magasins de sport, vous trouverez des bandes d'exercice plus ou moins résistantes et plus ou moins longues, avec leur mode d'emploi.

Sautez à la corde pour retrouver votre bonne humeur

Corde à sauter : pour paraître branché, on ne parle plus de saut à la corde, mais de *skipping*. Alternez 15 minutes de saut jambes serrées et 15 minutes de course. Cet exercice renforce les ligaments, les muscles, les tendons et les fonctions pulmonaires. Le saut à la corde active les fonctions cardiaque et circulatoire… ainsi que la bonne humeur. Vous avez simplement besoin de chaussures amortissant bien les sauts.

Troisième étape : consommez des brûleurs de graisses et non des plats tout préparés

Pour comprendre comment s'installe l'excès de poids, il faut savoir comment fonctionne le métabolisme, autrement dit, comment les aliments sont transformés en énergie, en matériel biologique et en joie de vivre.

La roue de la vie

L'alimentation de nos ancêtres

Les organismes unicellulaires nommés *protozoaires* datent de 500 millions d'années ; premiers organismes vivants, ils étaient dotés d'un métabolisme rudimentaire, avec une seule cellule à nourrir. Il y a 40 millions d'années, les premiers mammifères ont foulé la Terre, puis, il y a 12 millions d'années, l'un d'eux a grimpé sur un arbre pour se nourrir de feuilles, c'était notre plus lointain ancêtre, le *ramapithèque,* dont le métabolisme ressemblait déjà étonnamment au nôtre.
Il y a 4 millions d'années, l'ancêtre du premier homme quitta son arbre pour la station debout : l'*Homo erectus* vécut alors de cueillette et plus tard de chasse.

Notre programme génétique date de 100 000 ans

Notre système biologique convertit l'alimentation en énergie

Quelque 100 000 ans avant notre ère, l'*Homo sapiens* est entré en scène. Vivant de chasse et de cueillette, il était doté d'un système biologique complexe, dont nous avons hérité. Ce système commandé par les gènes orchestre de manière harmonieuse l'action combinée des 70 milliards de cellules de l'organisme : il transforme les aliments, carburant naturel, en énergie, pour courir, chasser, rire… et formuler des pensées.

IMPORTANT

Nous sommes des omnivores

Alors que nos ancêtres se nourrissaient exclusivement de végétaux, pourquoi mangeons-nous de la viande ? Parce que les êtres qui ne mangeaient que des végétaux ont disparu, il y a 2 millions d'années, alors que les chasseurs-cueilleurs ont survécu : ils étaient plus forts et plus adaptés pour survivre en milieu hostile : ils étaient omnivores, comme nous.

Les premiers *Homo sapiens* se nourrissaient de viande maigre, de fruits et de légumes – toutes sortes d'aliments que leur système biologique pouvait exploiter de manière optimale. Cette alimentation est saine, même pour notre perception actuelle : en effet, leur ration de nutriments essentiels était trois fois plus élevée que les recommandations officielles actuelles. Afin que cet humain puisse aussi *sur*vivre, son système biologique lui a permis de stocker des substances nutritives. Il pouvait résister à des périodes de chasse malheureuses, se nourrissant alors des semaines durant de racines et de fruits.

Le carburant n'est plus d'aussi bonne qualité

Ce système biologique ne s'est pas modifié au cours des 100 000 dernières années. Nous avons encore et toujours besoin de nutriments essentiels que nous donnent les légumes, les fruits et les aliments d'origine animale : pour rire, courir, réfléchir… Et nous pouvons encore stocker des substances nutritives dans l'organisme pour les temps difficiles et vivre par exemple 40 jours sur nos réserves de graisses, voire plus pour certains.

Les produits des fast-food et les plats tout préparés contiennent de nombreuses substances que notre organisme ne sait pas traiter.

Bons aliments = bonne santé

Le carburant a toutefois perdu en qualité. La plupart d'entre nous ne donnent plus à leurs 70 milliards de cellules ce dont elles ont besoin et les sollicitent indûment par des substances inconnues de leur programme génétique. L'organisme réagit par des maladies de civilisation, telles que surcharge pondérale, diabète, goutte, maladies cardio-vasculaires, fatigue chronique, dépression ou cancer.

Le Ketchup n'est pas prévu dans notre programme génétique

Feriez-vous le plein de gasoil sur une voiture à essence ? Non, car vous savez que vous n'iriez pas très loin. Vous n'êtes toutefois pas aussi prévenant(e) avec votre organisme.

Vous disposez toujours du matériel génétique d'*Homo sapiens*, mais vous avez inopinément changé de carburant : les produits des fast-food, le chocolat, la farine blanche et le sucre très raffinés sont utilisés depuis peu et notre métabolisme n'y est pas habitué, sans parler des conservateurs et des colorants, des adjuvants synthétiques et des substances toxiques.

Les aliments inconnus des gènes devraient être proscrits

À eux seuls, le sucre et la farine blanche sollicitent de manière excessive l'organisme et dérèglent l'action coordonnée des hormones dans le métabolisme. Le Ketchup et la soupe en sachet n'ont pas été prévus dans notre programme génétique. L'organisme ne sait pas les traiter.

Métabolisme : ce qui se passe dans l'organisme

Supposons que vous mangiez une tarte aux pommes. Pour que votre métabolisme puisse l'exploiter, les petits agents de la digestion (les *enzymes*) la décomposent en minuscules éléments :

- les glucides, scindés en petites molécules de sucre, le glucose
- les protéines, décomposées en leurs constituants, les acides aminés
- les lipides, transformés en petits acides gras.

Les enzymes décomposent les aliments en leurs constituants

Ces minuscules composants transitent avec les vitamines et les sels minéraux depuis l'intestin dans le sang, déclenchent l'action des hormones et parcourent les kilomètres de vaisseaux du système circulatoire avant de parvenir sur le lieu où s'exerce leur action, à savoir les cellules. Ces éléments s'intègrent ainsi au métabolisme qui transforme les substances nutritives en énergie. Dans les chaudières des cellules, les substances nutritives sont brûlées pour donner de l'énergie ou sont exploitées pour assurer la stabilité du système nerveux, l'efficacité du système immunitaire, la brillance des cheveux et la douceur de la peau.

Les hormones régissent les fonctions vitales

Les aliments ont une influence sur l'activité des hormones

Les hormones agissent en amont pour réguler chaque fonction de l'organisme : l'envie de faire l'amour ; la sensation de fatigue ou de dynamisme, de bonheur ou de satiété ; l'envie irrépressible de sucre, ; le stress ; la propension à mobiliser les forces nécessaires pour fuir le danger ou rester figé par la peur ; la capacité à créer, ou l'incapacité à se concentrer, et enfin, l'élimination des graisses et la constitution des muscles pendant le sommeil, ou inversement.

Toutes les fonctions vitales, tous les sentiments sont commandés par les hormones. Et vous ne pouvez imaginer l'importance de ce que vous mangez. L'alimentation quotidienne n'est en effet pas seulement une source de calories qui favorise la prise de poids, elle est aussi la condition indispensable à l'action harmonieuse du métabolisme, et de ce fait elle est essentielle pour votre santé et votre bonheur.

Évitez les plats tout préparés

L'embonpoint peut aussi résulter d'une carence

L'excédent de poids est une réaction de l'organisme à une carence en nutriments essentiels. Ces derniers sont en effet les agents du métabolisme énergétique. S'ils viennent à manquer, l'élimination des graisses ne peut s'effectuer, et ces dernières sont tout simplement stockées sous la forme de

bourrelets disgracieux. Comment des carences sont-elles possibles dans une société d'abondance ? C'est très simple : les *produits alimentaires* industriels n'ont souvent d'autre but que de nous donner l'impression d'être rassasié. Les fraises sont absentes des yaourts à la fraise et les soupes en sachet « au poulet » en sont totalement dépourvues. La cuisine devient chimique : la santé et la vie n'ont plus voix au chapitre. Parmi les 7 000 arômes artificiels qui aiguisent l'appétit figurent colorants, exhausteurs de goût, gélifiants, sucre raffiné et conservateurs. Les emballages ne contiennent souvent qu'un mélange de substances nutritives inactives, additionnées de quelques vitamines.

Alimentation carencée en pleine opulence

Renoncez aux plats tout préparés : seul un repas cuisiné avec des ingrédients frais contient toutes les substances indispensables à l'organisme.

Même l'alimentation « allégée » ne rend pas plus léger

Aussi pratiques qu'ils soient, la plupart des plats tout préparés font grossir – malheureusement aussi et surtout lorsque l'étiquette porte une mention du type « *moins de 300 kcal* » : ils donnent bonne conscience et incitent à manger plus. La preuve : les Américains dépensent chaque année 40 milliards de dollars en produits « allégés ». Ces aliments existent depuis les années 60 et l'Américain moyen a doublé de poids dans le même temps.

Mangez pour mincir

Les 70 milliards de cellules de l'organisme ont besoin d'un approvisionnement quotidien en matériaux de construction appropriés et en énergie. Hormones, système immunitaire, muscles, nerfs et organes peuvent travailler uniquement s'ils disposent de l'ensemble des substances nutritives nécessaires et en quantité suffisante. Dans le cas contraire, le corps réagit par la fatigue, la mauvaise humeur, des cheveux ternes… et une surcharge pondérale.

Même une « carence » peut faire grossir

Une carence en certains aliments essentiels fait grossir, notamment ceux qui brûlent les graisses, autrement dit les « **brûleurs de graisses** ».

▶ Nous allons maintenant voir quels sont ces aliments brûleurs de graisses et comment ils permettent de mincir.

Mieux manger pour mincir

Les graisses font-elles grossir ? Non, pas toutes. Pas plus que les glucides. Alors que le sucre vous pousse à manger plus, le pain complet apaise la faim. L'important est vraiment de bien choisir les aliments et de bien les combiner. Suivant les cas, les graisses formeront des bourrelets disgracieux ou fourniront un complément d'énergie à vos cellules.
Dans ce chapitre, nous vous présenterons les nutriments essentiels qui font brûler les graisses ; nous verrons pourquoi un indice glycémique élevé fait mincir, et quels aliments sont de véritables brûleurs de graisses.

La volonté ne peut rien contre le sucre

Sachez ce qui est bon pour votre corps

Les glucides font grossir, tout du moins les mauvais. Car certains sont bons : lorsque vous en absorbez, l'organisme doit même fournir de l'énergie pour les métaboliser et les assimiler. On peut donc distinguer entre les glucides qui font mincir et ceux qui font grossir ; ceux pour lesquels l'organisme est génétiquement préparé, et ceux qui font peur à votre organisme : en résumé les **brûleurs** et les **piégeurs de graisses**.

Les glucides, composants du sucre

Les composants des sucres sont simples ou complexes selon les cas

Pour convertir les glucides sous une forme exploitable, le corps fournit un supplément d'énergie. Plus les glucides sont complexes, plus il faut d'énergie. La taille du glucide est donc l'élément déterminant.

- Les glucides simples se composent d'un seul élément : c'est le cas du *glucose* du miel et du *fructose* des fruits.
- Les autres glucides se composent de deux éléments : c'est le cas du *saccharose* – sucre en morceaux – ou du *lactose* contenu dans le lait.

L'envie de sucre peut être impérieuse : le sucre raffiné étant rapidement métabolisé, vous avez rapidement envie d'en manger de nouveau.

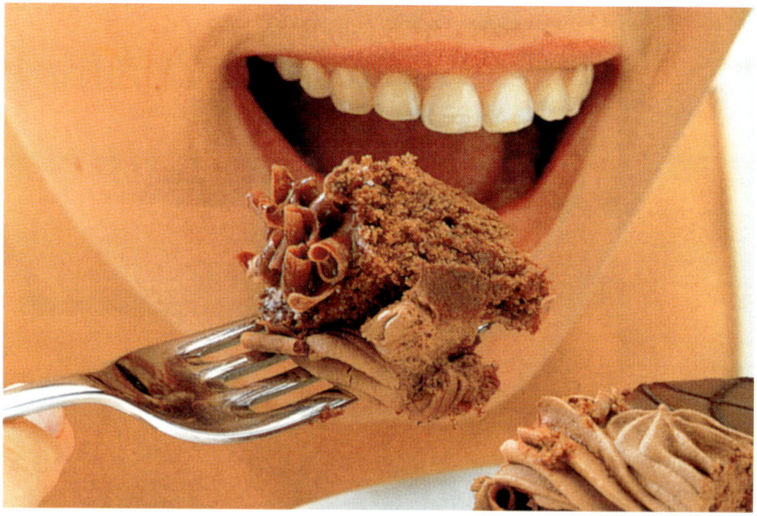

es « bons » sucres sont contenus dans les fruits, les légumes et le blé complet.

● Les glucides dits *complexes* se composent d'un grand nombre d'éléments identiques, que l'organisme doit tout d'abord dissocier. Ces chaînes de glucides se trouvent notamment dans les céréales, les pommes de terre, les choux-navets et les légumineuses.

IMPORTANT

Bons et mauvais glucides

Des aliments aussi divers que les barres chocolatées, le pain complet, les carottes et les fraises renferment des glucides. L'organisme s'en sert pour élaborer du glucose - la molécule de sucre qu'il peut exploiter. Selon la vitesse et le degré d'augmentation du taux de glycémie provoqué par les différents glucides, ces derniers vous font grossir ou mincir, respectivement en activant le stockage des graisses ou en les éliminant.

Le cerveau et les muscles se nourrissent de sucre

Le cerveau raffole de sucres : il s'en nourrit exclusivement, puisant inlassablement dans le glucose du sang. Sans sucres, la concentration se relâche, la fatigue et la mauvaise humeur nous envahissent. Pour les besoins urgents, le foie met 70 grammes de glucose à la disposition du cerveau. Environ 300 à 400 grammes sont stockés dans les muscles, une réserve pour les cas exceptionnels, par exemple pour piquer un cent mètres ou pour s'éreinter sur les appareils en salle de gymnastique. Les muscles ont, eux aussi, besoin de glucides pour produire de l'énergie. Si vous êtes agité(e) ou si vous vous dépensez beaucoup, vos muscles puisent dans cette réserve d'énergie rapidement disponible et brûlent le sucre – qui s'évanouit en fumée. Ces stocks doivent être renouvelés en permanence. L'ensemble du processus est commandé par les hormones.

Le glucose est une réserve d'énergie rapidement disponible

Instrument de mesure sensible : le taux de glycémie

Il est indispensable que le taux de glycémie reste constant

L'équilibre énergétique de l'organisme est régi par le taux de glycémie. Un litre de sang contient environ un gramme de sucre, comme nous l'avons vu, sous forme de glucose. L'organisme s'efforce de maintenir ce taux constant.

Si vous fournissez des glucides sous forme de chocolat ou de pain complet, les enzymes de la digestion réduisent cet apport en minuscules éléments. Les sucres passent ainsi de l'intestin dans le sang. Votre système biologique réagit alors comme sur programme : le pancréas sécrète de l'insuline et l'envoie dans le sang.

Le sucre raffiné (blanc) attire l'insuline

L'insuline envoie alors immédiatement un message au centre de l'appétit dans l'hypothalamus : Assez ! Cessez tout apport ! L'insuline véhicule les molécules de sucre vers le foie et les muscles. Lorsque ces réserves sont remplies, les sucres restants sont convertis en graisse, sur les fesses, les hanches et l'abdomen, jusqu'à ce que le taux de glycémie revienne à son niveau normal, voire légèrement en dessous.
Lorsque le sucre vient à manquer au cerveau, un système d'alarme s'enclenche : on devient facilement nerveux, déconcentré, fébrile et vulnérable. Le centre qui régit la satiété reçoit le message : *À manger immédiatement, et du sucré SVP.*

Pour envoyer les bons signaux au petit-déjeuner, consommez des jus de fruits, des fruits et du müesli : ils couvrent les besoins en sucre et en nutriments essentiels.

Le choc du petit-déjeuner pour le pancréas

Le matin à jeun, le sang contient environ 1 g/l de sucre (glucose). Selon ce que vous prenez au petit-déjeuner, le taux de glycémie augmente très vite ou très lentement.

Le fructose des fruits est facilement assimilé

L'orange du petit-déjeuner contient des fibres. Grâce à ces substances de lest, il faut un certain temps au fructose pour se libérer dans l'intestin et s'insinuer dans le sang. En outre, le foie doit tout d'abord convertir le fructose en glucose pour qu'il puisse être assimilé par l'organisme. En d'autres termes, si vous mangez des fruits, le taux de glycémie ne s'élève que lentement et ne cesse ensuite de baisser. Une heure plus tard, conformément à votre programme génétique originel, vous devriez avoir à nouveau envie de manger des fruits pour apporter à votre organisme les nutriments essentiels.

Le fructose des fruits est assimilé plus lentement

Le pain complet et le müesli maintiennent longtemps rassasié

Le pain complet, avec ses chaînes complexes de glucides, doit être au préalable scindé en petites molécules de glucose. Les nombreuses fibres alimentaires freinent par ailleurs le passage du sucre dans le sang. Le taux de glycémie s'élève donc lentement et régulièrement. Trois heures se passent avant que le sucre soit parvenu aux différents points du corps. C'est alors seulement que l'on a de nouveau faim. Le même schéma s'applique au riz nature et aux pâtes au blé complet.

Les fibres alimentaires apaisent la faim

Pain blanc et confiture font grimper le taux de glycémie

Lorsque vous mangez du pain blanc de farine raffinée - sans fibres alimentaires – ou des molécules de sucre comme celles du sucre en morceaux, de la confiture ou des barres chocolatées, les petites molécules s'infiltrent immédiatement dans le sang et le taux de glycémie grimpe en flèche. Vous avez soudain au moins 1,5 g/l de sang de sucre. Et c'est cela qui fait vraiment grossir.

L'insuline, responsable du poids

Le cerveau` a besoin de l'énergie du sucre

Dès que l'on absorbe du pain blanc ou des sucreries, le pancréas produit de l'insuline. Cette hormone est vitale pour l'organisme : sans elle, le sucre reste dans le sang et détruit les vaisseaux et les nerfs. Lorsqu'une grande quantité de « sucres rapides » parvient dans le sang, le pancréas fonctionne à plein régime. Les grandes quantités d'insuline produites envoient les molécules de sucre directement dans les cellules. Cependant, le taux de glycémie chute ensuite brutalement en dessous de la normale. Conséquences : vous êtes fatigué(e), votre concentration faiblit et vous avez une envie compulsive de sucre. Votre volonté n'est donc pas en cause lorsque vous attrapez la première sucrerie qui passe. Votre organisme vous y contraint : le sucre est le plus fort. La boisson sucrée ou le gâteau au chocolat suivants relancent le même processus depuis le début. Le taux de glycémie grimpe, le pancréas s'affole et produit de l'insuline en masse. Le sucre vient à manquer et il vous faut alors du sucré.

Le sucre appelle le sucre

Le plus ennuyeux dans l'histoire, c'est que tant que l'insuline agit dans le sang, les cellules graisseuses sont intactes. Le *glycogène*, brûleur de graisses par excellence, ne peut entrer en action.

Quantité de sucre dans

1 morceau de sucre : 3 g
1 litre de cola : 110 g
100 g de bonbons
(caramels durs) : 97 g
100 g de confiture : 69,8 g
100 g de nougat : 66 g
100 g de crème à tartiner à base de noix : 54 g
1 tablette de chocolat : 39,8 g
100 g de barre de müesli : 30,1 g
100 ml de Ketchup : 23,4 g
100 g de tourte au fromage : 22,6 g
50 g d'ours en gomme : 21,4 g
100 g de biscuits : 16,7 g
0,1 litre de boisson de jus de fruits : 12 g
1 pot de yaourt (aux fruits) : 11,3 g

Le cercle vicieux de la prise de poids

À la longue, les cellules ne prennent plus au sérieux l'hyperactive insuline. Elles se ferment brusquement et ne sont plus réceptives à son message. Le pancréas tente désespérément de produire toujours plus d'insuline, pour faire baisser le taux de glycémie. La quantité d'insuline dans le sang ne cesse d'augmenter, et vous de grossir. Le centre qui régit la satiété dans le cerveau ne réagit plus au message « *Arrête de manger* ! », aussi continuez-vous à trop manger .

Le corps réagit de manière anarchique

Le glycogène, brûleur de graisses

Le pancréas produit également du glycogène, hormone amincissante qui contrebalance l'action de l'insuline. Le glycogène freine l'activité de l'insuline, et l'empêche de métaboliser tout le sucre du sang ; il intervient uniquement lorsque le taux de glycémie est descendu sous un certain seuil.

Le glycogène, hormone de la minceur

Si vous mangez du pain complet ou une pomme, par exemple, et que le taux de glycémie baisse de manière naturelle, le pancréas envoie une grande quantité de glycogène dans le sang. Le foie tente alors de relever le taux de glycémie – en extirpant la graisse des cellules adipeuses et en la convertissant en sucre suivant les besoins.

La consommation régulière de sucre inhibe le glycogène

Le glycogène n'a toutefois aucune chance d'intervenir si vous attirez en permanence l'insuline avec de mauvais glucides. Aussi longtemps que le sang contient trop d'insuline, le glycogène ne peut agir. Les stocks de sucre du foie et des cellules graisseuses des hanches et du ventre restent pleins.

Parmi les « bons » glucides, on peut citer les produits au blé complet, le riz complet, les légumineuses, les légumes frais et la plupart des fruits. Comme ils ne relèvent que légèrement le taux de glycémie, il faut en manger beaucoup pour que le glycogène puisse intervenir.

Comment bien sucrer ?

Sucrez avec des produits naturels : concentré de jus de poires ou de pommes, sirop de betterave ou d'érable, ou encore avec du miel.

Évitez le plus possible le sucre blanc raffiné. Utilisez des produits naturels : miel, sirop d'érable, concentré de jus de poires ou de pommes. Même si ces produits relèvent le taux d'insuline, si vous en usez comme d'une épice, ils ne font pas grossir. Le fructose (disponible en magasin bio) est un substitut avantageux, qui ne favorise pas la production d'insuline.

Que dire des édulcorants ? Ils n'influencent pas le taux de glycémie et réduisent l'absorption de calories. Toutefois, l'alimentation a bien d'autres fonctions que l'apport calorique. Aussi, si ces cousins chimiques du sucre sont indispensables pour les diabétiques, les personnes en bonne santé devraient s'en passer.

Usez du sucre comme d'une épice

L'indice glycémique

L'indice glycémique (GLYX), défini il y a 25 ans par un chercheur américain du nom de Crapo, sert à déterminer le degré d'élévation du taux de glycémie par les différents aliments. Les bons glucides ont un indice faible, maintiennent longtemps rassasié et permettent au glycogène d'accomplir sa mission. Les mauvais glucides ont un indice glycémique élevé, ils attirent l'insuline en grandes quantités dans le sang, donnent une envie irrépressible de sucre, et piègent les graisses dans les cellules graisseuses.

Les bons aliments ont un GLYX inférieur à 50

IMPORTANT

L'ennemi public numéro 1

De nombreux nutritionnistes pensent actuellement que la prise de poids résulterait en fait d'un taux d'insuline trop élevé de manière continue. Ce taux élevé envoie au corps le message suivant : stocke des graisses dans les cellules graisseuses et retiens les y. Si vous évitez autant que possible des produits raffinés avec du sucre et de la farine blanche, les kilos devraient fondre.

La volonté ne peut rien contre le sucre

Un indice glycémique élevé fait grossir

Le professeur Crapo a défini une échelle de 1 à 100, et stipulé que tous les aliments dont l'indice dépasse 50 favorisent la prise de poids. Parmi ces nutriments figurent le sucre et les produits qui en contiennent. Aujourd'hui, le sucre blanc est pratiquement incontournable : on le trouve dans les jus de fruits, les limonades, les müeslis, la plupart des plats tout préparés, ainsi que dans la moutarde et les concombres à l'aigre-doux et un flacon de Ketchup contient jusqu'à 50 morceaux de sucre.
Parmi les mauvais glucides, on trouve aussi des produits transformés industriellement à partir de farine blanche, la purée de pommes de terre en flocons, le maïs transformé, ou le riz blanc. En effet, ils ne comportent pas de fibres alimentaires naturelles.

Même la moutard
contient
du sucre blanc

Pour mincir, il faut donc…

… changer de menu et adopter de nombreux aliments avec un indice glycémique faible (voir tableau ci-contre). Vous pouvez tout de suite essayer le régime de remise en forme sur dix jours (p. 72 et suivantes) pour vérifier qu'il est délicieux de se nourrir de cette manière.

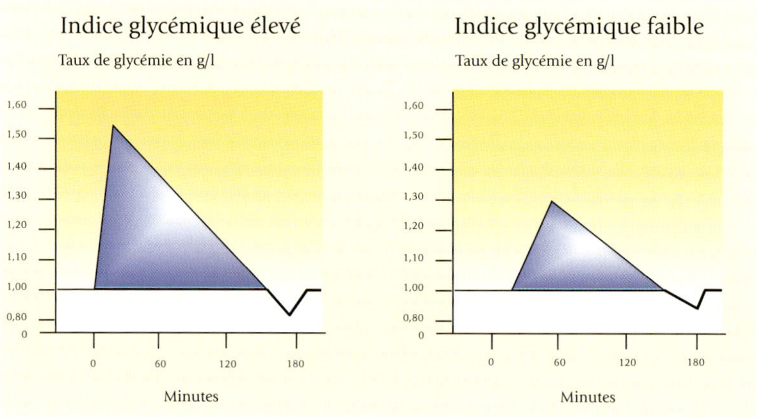

Alors que les aliments dont l'indice glycémique est élevé font grimper le taux de glycémie en quelques minutes, ceux dont l'indice est faible n'agissent ni sur le taux de glycémie, ni sur les bourrelets disgracieux.

Bons et mauvais glucides

BRÛLEURS DE GRAISSES

ALIMENTS À FAIBLE INDICE GLYCÉMIQUE

Boissons
Jus de légumes frais 15
Jus de fruits frais (sans sucre) 40

Fruits et légumes
Légumes frais 15
Fruits frais 10 à 30
Champignons 15
Pousses de soja 15
Pamplemousse 25
Cerises 25
Haricots de Lima 30
Haricots secs 30
Lentilles 30
Abricots séchés 30
Pois chiches 30
Pois cassés 35
Haricots rouges 40
Haricots verts 40
Petits pois 50

Laitages
Yaourt nature 15
Lait écrémé 30
Produits laitiers 35 env.

Pain
Pain de seigle 40
Pain de seigle complet 40
Pain de gruau 35
Pain complet ou pain au son 50

Produits céréaliers
Seigle 35
Flocons d'avoine 40
Müesli complet (nature, à teneur élevée en son) 40

Garnitures
Pâtes de farine complète 30
Riz nature 50

Sucreries
Marmelade (sans sucre) 30
Sorbet (sans sucre) 35
Chocolat amer (teneur en cacao < 70 %) 20

Noix
Noix 15 à 30
Cacahuètes 15

PIÉGEURS DE GRAISSES

ALIMENTS À INDICE GLYCÉMIQUE ÉLEVÉ

Boissons
Bière 110
Limonades, boissons au cola 100
Jus de fruits sucrés 80

Sucreries
Sucre de raisin 100
Miel 75
Sucre (raffiné) 75
Chocolat au lait 70
Biscuits 70
Confiture 60

Pain
Pain blanc entier (hamburger) 95
Pain blanc (baguette) 70
Bretzel 85
Pain bis 65

Pommes de terre
Sautées 95
Au four 95
Purée de pommes de terre 90
Frites 80
En robe de chambre 65

Produits céréaliers
Corn flakes, pop-corn 85
Gâteau de riz 80
Maïs et chips de maïs 75
Crackers 75
Müesli sucré 70
Croissant 70
Farine de maïs 70
Farine de blé 70

Garnitures
Riz instantané 90
Riz blanc 70
Riz poli 70
Couscous 60
Riz basmati 60
Pâtes 60

Fruits et légumes
Carottes 85
Courges 75
Maïs 70
Pastèque 70
Ananas 65
Raisins secs 65
Bananes mûres 60
Melons cantaloups 60

Toutes les graisses ne font pas grossir

Il ne faut pas avoir peur des graisses ou lipides. Nous en avons besoin au même titre que les vitamines. Ces éléments renforcent le système nerveux, aident à conserver une peau jeune et lisse et sont indispensables au métabolisme.

Pas plus de 60 à 80 g de lipides/jour

Quotidiennement, 1 400 calories d'origine graisseuse sont ainsi absorbées. Pour brûler autant de graisses, il faut faire travailler ses muscles quelques heures. Comme nous faisons généralement plus travailler notre cerveau, toute calorie graisseuse non brûlée se greffe instantanément sur les hanches ou sur le ventre.

Tout d'abord, la balance n'indique rien

À partir de 25 ans, la graisse s'insinue dans l'organisme. Dans un premier temps, l'aiguille de la balance n'indique rien, car nous perdons simultanément des muscles. En effet, seul un entraînement régulier permet d'augmenter la masse musculaire. Ceux que le sport rebute perdent leurs précieux brûleurs et gavent leurs cellules graisseuses. Alors que la bascule indique encore un poids « idéal », la graisse s'est déjà installée.

Alors que les muscles fondent, les cellules graisseuses prolifèrent

Ainsi, une femme pesant normalement 60 kg s'affole lorsqu'elle découvre son taux d'adiposité corporelle en montant sur une balance électronique : au lieu des salutaires 20 % de graisses, son organisme en contient 35 %, soit 15 % de muscles en moins – les seules parties du corps qui utilisent une quantité appréciable de graisses.

IMPORTANT

Le secret de la Crète

Des chercheurs ont établi que les Crétois vivent plus longtemps que les autres Européens, et qu'ils ont le taux d'infarctus le moins élevé de tous. Le secret se trouve dans leur assiette : moins de graisses animales, plus de poissons et d'huiles végétales, de l'huile d'olive principalement. Les principaux acides gras indispensables à l'organisme (au même titre que les vitamines) sont les suivants : acide oléique, acide linolénique, acide a-linolénique et acides gras oméga 3. Pour couvrir ces besoins, il faut cuisiner quotidiennement avec de l'huile d'olive, de tournesol ou de colza, et manger deux fois par semaine du poisson de mer (hareng, saumon ou maquereau, par exemple).

CONSEIL !

À proscrire : lipides + glucides

Des chercheurs américains ont analysé les graisses emmagasinées, suite à l'absorption de milk-shakes. Le résultat est étonnant : les cobayes ayant absorbé des milk-shakes sucrés ont emmagasiné jusqu'à 60 fois plus de graisses que ceux en ayant absorbé des non sucrés. Conclusion : pour mincir, évitez absolument la redoutable combinaison « Lipides + Glucides ».

Des graisses pour mincir

La graisse n'est pas seulement installée dans les bourrelets disgracieux, comme réserve destinée à la production de glucose. C'est un élément indispensable aux parois cellulaires et aux nerfs. Elle tapisse les organes et forme une couche protégeant du froid. Elle huile la peau et l'empêche de s'assécher. Sans graisse, nous ne pourrions pas sécréter d'hormones ni de sucs biliaires, indispensables au bon déroulement de la digestion. Elle assure par ailleurs le transit des vitamines liposolubles (A, D, E et K) de l'intestin dans le sang.

La graisse est même un brûleur de graisses, en tout cas la « bonne » graisse.

Suivez l'exemple des gens du Sud : cuisinez exclusivement avec des huiles végétales.

Bonnes et mauvaises graisses

En chimie, on différencie acides gras saturés et insaturés. Les **acides gras saturés** sont solides à température ambiante et résident essentiellement dans les aliments comme la crème, le beurre, la viande, la charcuterie, le fromage, mais aussi dans l'huile de coco ou de palme. Mieux vaut limiter votre consommation d'acides gras, principaux responsables des maladies de civilisation actuelles. Ils font grimper le taux de cholestérol, bouchent les vaisseaux et représentent en fait tout ce dont votre organisme n'a pas précisément besoin, si ce n'est se constituer un matelas de graisse.

Les **acides gras insaturés** sont généralement fluides. Comme l'organisme ne peut les fabriquer seul, ils sont essentiels, au même titre que les vitamines. Une carence dans ce domaine peut en effet entraîner des troubles de croissance, réduire la concentration et la capacité d'apprentissage, provoquer des troubles du système nerveux et des maladies de peau. Les meilleurs pourvoyeurs sont les légumes, les olives, les noix, les germes et le poisson.

Les acides gras insaturés sont indispensables à la vie

La combinaison lipides-glucides

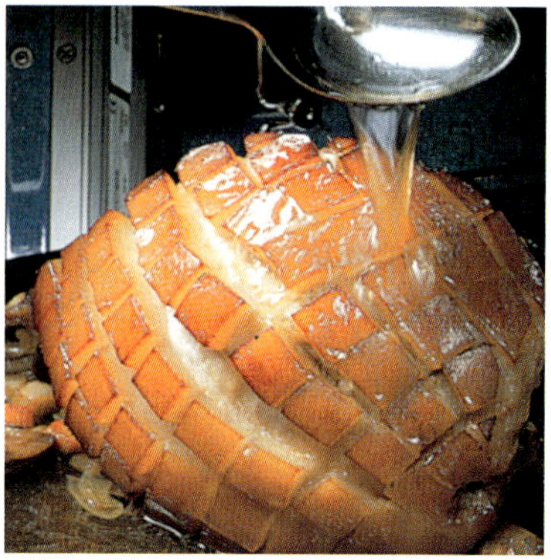

Si vous consommez des aliments gras, combinez-les toujours avec des légumes ou des céréales complètes

Voilà ce qui se passe dans l'organisme : lorsque vous mangez un rôti de porc avec des nouilles, ces dernières attirent beaucoup d'insuline dans le sang, car leur indice glycémique est élevé. L'hormone de la prise de poids envoie la molécule de graisse du rôti immédiatement aux cellules graisseuses où elle l'enferme. Cela se passe autrement si vous mangez des pâtes au blé complet. Leur indice glycémique étant faible, elles n'attirent pas l'insuline et veillent à ce que les graisses des cellules musculaires soient brûlées pour la production d'énergie.

L'organisme ne sait que faire de la graisse du rôti de porc. C'est pourquoi il l'envoie immédiatement aux cellules graisseuses.

► Évitez par conséquent de combiner des aliments riches en graisses et des sucres « rapides », dont l'indice glycémique est élevé.
► Consommez des glucides rapides uniquement avec des aliments à faible teneur en graisses. Exemples : spaghetti et crevettes, pommes de terre et cabillaud ou encore riz blanc et légumes.
► L'idéal serait l'harmonie de « bonnes » graisses avec suffisamment de protéines et de glucides à faible indice glycémique.

Sachez combiner les aliments !

Combinaisons désastreuses
- Rôti de porc et nouilles
- Pâtes à la crème
- Tarte (pâte sucrée avec une garniture grasse)
- Tartine beurre et confiture
- Glace aux fruits et crème Chantilly
- Pizza et frites
- Croissant et chocolat
- Pain blanc et fromage

Combinaisons amincissantes
- Rôti d'agneau au riz nature
- Poitrine de dinde et pommes de terre à l'anglaise
- Pâtes aux légumes
- Riz nature aux crevettes
- Mozzarella aux tomates
- Yaourt aux fruits
- Müesli aux fruits
- Pain et tomates
- Melon au jambon

10 règles pour mincir

En observant ces dix règles, vous retrouverez la ligne.

1 Utilisez de l'huile d'olive, de tournesol ou de colza. Évitez le beurre, la crème ou la margarine. Certaines bouteilles d'huile ont des bouchons doseurs pour ne pas noyer les salades sous les calories des corps gras.

Préférez les huiles végétales

2 Mangez beaucoup de légumineuses, de fruits frais, de céréales complètes (riz, pâtes, pain, müesli), de pommes de terre et de salade : ils contiennent tous peu ou pas de graisses. D'autre part, vous pouvez utiliser des légumes congelés, car le froid conserve les vitamines.

3 Consommez moins de viande rouge et de charcuterie au profit des poissons de mer et des volailles. Choisissez toujours les morceaux maigres : filet, escalope, faux-filet.

4 Choisissez des laitages aussi « allégés » que possible : s'il y a 9 g de graisse dans 30 g de crème fraîche, la même quantité de crème aigre n'en contient que 3 g. Un pot de yaourt au lait entier contient 5,3 g de graisse, contre seulement 0,5 g pour un yaourt maigre. Un morceau de camembert (30 g) fournit 10,2 g de graisse alors qu'un fromage maigre à pâte molle en contient seulement 0,2 g.

Müesli au yaourt maigre

5 Pas trop d'huile pour la cuisson, juste un filet dans une poêle adhésive. Une fois la viande saisie, jetez l'huile. La cuisson à la vapeur et à l'étuvée préserve les vitamines ainsi que les hanches ou le ventre. Remplacez la crème dans la sauce par des légumes en purée, du lait caillé maigre ou de la crème aigre.

Faites rapidement saisir les légumes

6 Ôtez le gras de la viande et faites couper votre charcuterie en tranches aussi fines que du papier à cigarettes.

7 Renoncez aux plats tout préparés. Les produits naturels sont moins riches en graisses : 100 g de pommes de terre en robe des champs en contiennent 0,3 g (66 kcal) alors que la même quantité de chips en contient 40 g (519 kcal).

8 Composez vous-même votre müesli à partir de flocons d'avoine, de son de blé et de laitages maigres. Les müeslis du commerce contiennent du sucre et beaucoup de graisses (noix et chocolat).

Les mélanges réalisés par vos soins sont bien meilleurs

9 Évitez les pièges à graisses : gâteaux, tartes, crèmes glacées, chocolat, et le fromage ou la pizza.

10 La panade est un concentré de graisses : veillez à l'ôter du poisson ou de la viande. Renoncez aux produits cuits en friteuse.

Brûleurs de graisses, aliments qui font mincir

Fruits et légumes	Fruits, légumes et légumineuses contiennent très peu de graisse.` Mangez-en deux à trois grandes rations par jour !		
Laitages	Petit-lait 0,2 Lait écrémé 0,2 Fromage frais maigre 0,3	Yaourt maigre nature 0,4 Babeurre 0,5 Lait demi-écrémé 2,0	Fromage blanc (10 %) 2,0 Faisselle 2,9 Kéfir 3,5
Fromages	Fromage de ferme moulé à la main 0,7 Cancoillotte 4,1 Brousse 8	Mozzarella 16 Feta (40 %) 16 Munster 19 Fromage de chèvre (45 %) 21	Saint Paulin 23 Pont l'Évêque 24 Parmesan (32 %) 25 Édam (30 %) 28
Poissons	Aiglefin 0,3 Cabillaud (morue) 0,6 Seiche 0,8 Thon albacore 1 Sandre 1 Sole 1 Daurade 1	Langouste 1,1 Huîtres 1,2 Moules 1,3 Crevettes, scampi 1,4 Colin (merlu) 1,5 Homard 1,9 Plie 2	Truite 3 Rouget (grondin) 3 Merlan 3 Flétan 5 Maquereau frais 8 Sardine fraîche 9 Saumon 14
Viandes et volailles	Poitrine de dinde 1 Filet de veau 1 Escalope de veau 2 Filet de porc 2 Foie de bœuf 2,1	Lièvre 3 Jambon cuit sans gras 3 Filet de bœuf 4 Longe de chevreuil 4 Steak de cheval 4,6	Rosbif, bœuf 5 Saucisse de volaille 5 Corned beef 6 Lapin 8 Blanc de poulet 10
Céréales	Pain de seigle 0,1 Pain de seigle complet 1,0 Semoule de maïs 1,1	Galette suédoise 1,5 Seigle, blé 1,7 Sarrasin 1,7	Riz nature 2,2 Blé 2,5 Pain complet 3,9
Autres	Eau minérale 0 Tofu 5,0 Œuf de poule 5,2 Huiles végétales	Même avec environ 99,5 g de graisse, elles appartiennent toutes par leurs acides gras insaturés aux brûleurs de graisses : huile d'olive, de colza, de germes de blé et de tournesol	

Grammes de graisse pour 100 grammes d'aliment

Piégeurs de graisses, aliments qui font grossir

Laitages	Beurre 83 Crème fraîche 40	Crème Chantilly 32 Crème fouettée 31,7	Crème glacée 20
Fromages	Mascarpone 47,5 Boursin 42 Bleu d'Auvergne (70 %) 40 Beaufort 34 Causse 34	Cheddar 33,5 Camembert (60 %) 33 Gruyère (45 %) 32,3 Comté 31 Cantal 30,5 Emmental (45 %) 30	Munster 28,5 Fromage blanc à 70 % 28 Roblochon 25,5 Fromage frais (60 %) 23
Viandes et volailles	Lard maigre 65 Rillettes d'oie 45 Chorizo 45 Salami 42 Saucisson sec 41 Andouille 37 Côtelette d'agneau 32 Oie 31	Chipolatas/Merguez 30 Boudin noir 30 Pâté de foie 29 Cervelas 28 Saucisson à l'ail 28 Poitrine fumée 26,5 Saucisse de Strasbourg 24 Poule au pot 20	Gigot d'agneau 18 Canard 17 Bœuf haché 14 Jambon cuit 13 Jambon blanc 11 Côtelette de porc 8 Collier de bœuf 8
Pâtis-series et apéritif	Chips de pommes de terre 39,4 Gaufres au chocolat 33,5 Gâteau aux noix 29	Tarte à la crème 25 Pâte feuilletée 25 Chips tortilla 24 Biscuits apéritif 20	Blinis 15 Frites 14,5 Olives vertes 12,7 Müesli au chocolat 11,5
Sucreries	Pâte à tartiner à base de noix 31 Chocolat au lait 30 Massepain 25	Nougat 24 Corps gras Huile végétale 99,9 Saindoux 99,7	Margarine 80 Mayonnaise (80 %) 78,9 Margarine à 50 % 40
Autorisé en petites quantités	Noix de macadamia 73 Noix de pékan 72 Noix 62	Noisettes 61 Cacahuètes 49 Beurre de cacahuètes 47,8	Olives noires/à la grecque 36 Avocat 23,5

Grammes de graisse pour 100 grammes d'aliment

Élément amincissant naturel : l'albumine

L'albumine c'est la vie ! L'organisme se compose en effet – hors graisses et eau – d'albumine, autrement dit de *protéines*. Le système immunitaire, les muscles, les cheveux, les nerfs et les organes sont constitués à partir de 22 minuscules composants protéiques ou *acides aminés*. Chaque jour, des milliards de cellules de l'organisme doivent être réparées, la peau se renouvelle, les cheveux et les ongles poussent, aussi le système immunitaire doit-il être renforcé en permanence. Pour chaque sentiment, chaque réaction nerveuse ou musculaire, chaque pensée, l'organisme élabore à partir des acides aminés les hormones, les enzymes et les médiateurs chimiques vitaux.

C'est aux composants protéiques que nous devons notre vitalité : l'organisme s'en sert pour élaborer tout ce qui nous est nécessaire pour courir, pour rire ou encore pour être de bonne humeur.

Sans matériaux, pas de maison

Pour les processus constants de catabolisme et de transformation, notre organisme se sert des protéines stockées dans le sang, emmagasinées grâce aux aliments. Sans matériaux, pas de maison : l'organisme a besoin de l'ensemble des 22 acides aminés comme matériaux pour la synthèse des substances qui lui sont propres. Nous en avons aussi besoin pour rester jeune et en bonne santé, performants et de bonne humeur. Huit de ces acides aminés sont essentiels. En effet, l'organisme ne peut les produire et ils doivent être présents dans notre alimentation.

Les enzymes fragmentent dans un premier temps les protéines

Décomposition des protéines

Si nombreux sont ceux qui souffrent de carences en protéines, bien qu'ils absorbent suffisamment d'albumine, c'est qu'ils se nourrissent mal. L'albumine absorbée doit dans un premier temps être décomposée, sinon les précieux acides aminés n'atteignent pas leur objectif, qui est la cellule. En l'absence de nutriments essentiels, l'organisme ne peut sécréter suffisamment de bile ou produire des enzymes permettant de scinder les protéines. Elles ne peuvent alors passer dans le sang, et, non digérées, elles restent dans l'intestin et pourrissent, entraînant des troubles digestifs et des allergies.

Combinez protéines et vitamines

► **Conclusion** : sans vitamines, la salutaire digestion des protéines ne peut se faire. C'est pourquoi il faut accompagner chaque viande d'une salade et chaque yaourt d'un fruit.

Choisir de rester mince

Privilégiez les poissons et les crustacés

Pour certains, les protéines ont mauvaise réputation, car ses principaux pourvoyeurs sont le lait entier et la viande rouge, aliments qui renferment également de mauvaises graisses animales, responsables de la prise de poids. Optez pour de meilleures sources de protéines, plus saines, comme le poisson maigre, la volaille, les légumineuses et les laitages maigres.

L'albumine est un brûleur de graisses

Lorsque l'on mange un morceau de volaille ou de poisson *maigre*, l'organisme doit fournir une énergie supplémentaire pour transformer l'albumine des aliments en albumine directement assimilable. Où l'organisme puise-t-il cette énergie ? Dans ses stocks de graisses.
Un gramme d'albumine contenu dans les aliments fournit 4 kilocalories, et pour l'exploiter l'organisme doit fournir 25 % de cette énergie, soit 1 kilocalorie par gramme ; il s'appuie alors sur les cellules graisseuses. Pour bénéficier de la fonction d'élimination des graisses, il faut donc privilégier des pourvoyeurs d'albumine à faible teneur en matières grasses (tableau page 42).

Attention aux pièges tendus par certains régimes

Les régimes-choc carencés en protéines sont nocifs

Vous vous dites peut-être : « *C'est bien, je ne mange plus que des protéines, comme cela, je vais mincir* ». C'est vrai, et nombre de régimes-choc, riches en protéines fonctionnent exactement sur ce mode. En préconisant d'énormes quantités de protéines et en interdisant les glucides, ils permettent de maigrir très rapidement, mais malheureusement, l'organisme perd uniquement de l'eau ; le métabolisme ne suit pas, perd le contrôle et bascule sur un programme qui n'est pas naturel, appelé « cétose ». Totalement débous-

Combinaison idéale pour mincir : poisson maigre riche en protéines, avec une belle ration de « bons » glucides et de nutriments essentiels par des légumes.

solé par l'apport de protéines anormalement élevé pour ses gènes – et la carence simultanée de glucides – l'organisme produit des *corps cétoniques*, éléments que les reins s'efforcent d'évacuer avec beaucoup d'eau, d'où le succès remporté sur la balance. Malheureusement on ne perd que de l'eau et pratiquement pas de graisses. Conclusion : mieux vaut éviter un tel régime.

Attention aux carences en protéines

Si un excès de protéines est contre-indiqué, une carence est carrément catastrophique, et la plupart des femmes au régime souffrent rapidement d'une telle carence parce qu'elles essayent d'éviter les graisses, délaissant ainsi les pourvoyeurs de protéines.

Toute carence en protéines affaiblit le système immunitaire, provoque la chute des cheveux… et la fonte des muscles ! Mais si l'alimentation est équilibrée, il est pratiquement impossible d'absorber trop de protéines. Le tableau, page 42, montre qu'il n'est en fait pas évident de couvrir ses besoins quotidiens.

Attention : les régimes négligent souvent les protéines

Solution simple et énergisante : protéines et glucides

Il suffit en fait d'associer protéines et glucides, et tant que vous accompagnez votre yaourt de fruits, et le poisson d'une bonne ration de légumes, vous emmagasinez assez de sucre pour le cerveau et de nutriments essentiels pour l'assimilation des protéines. Votre organisme n'incline plus à la production anormale de cétose, ni à la fonte des précieux muscles : il puise, au contraire, dans les bourrelets disgracieux pour transformer les indispensables protéines alimentaires en vitalité, défenses immunitaires, muscles, performances… et bonne humeur !

Mangez pour le plaisir et la bonne humeur

Protéines énergisantes

Hormones et médiateurs chimiques, agents de la forme

Absorbés seuls, les glucides provoquent fatigue et ralentissement de l'activité cérébrale ; leur ingestion entraîne en effet la sécrétion de médiateurs chimiques, appelés *neurotransmetteurs*, dont l'action est plutôt asthéniante. Mais les protéines inhibent les troubles provoqués par les glucides, et la *tyrosine*, acide aminé présent dans ces protéines, donne naissance aux médiateurs chimiques de la vitalité : la *dopamine* et la *norépinéphrine*. Ces agents stimulent : ils vous aident à penser plus vite, à mieux vous concentrer, à vous motiver et à renforcer votre vivacité d'esprit. C'est pourquoi il faut toujours combiner protides et glucides.

Besoins en protéines

De quelles quantités de protéines a-t-on besoin ? On table sur 0,8 g par personne et par kg. Ainsi, une femme de 60 kg a besoin de 48 g par jour (si elle ne fait pas beaucoup d'exercice, et si elle est mince).
Les besoins augmentent avec les activités sportives : pour les sports de compétition, par exemple, ils doublent carrément. Si vous avez une surcharge pondérale (voir IMC, page 12), il faut compter une ration supplémentaire pour transformer à long terme les bourrelets en muscles.

Calculez vos besoins essentiels en protéines

Poids (kg) ______ x 0,8 g = ______ g de protéines

Exemple : 60 (kg) x 0,8 g = 48 g de protéines
On trouve 48 g de protéines dans 300 g de poulet rôti, 2 kg de pleurotes, 225 g de haricots blancs, 280 g de saumon, 10 pots de yaourt ou 220 g de rosbif.

Calculez vous-même vos besoins en protéines

Les sources de protéines

L'organisme a besoin d'environ 50 g de protéines par jour

20 grammes de protéines	10 grammes de protéines
3 œufs de poule	0,3 litre de lait écrémé (1,5 %)
80 g de blanc de poulet	0,3 litre de petit-lait
80 g de viande de porc maigre	300 g de yaourt (1,5 %)
80 g de blanc de dinde	75 g de fromage frais (20 %)
80 g d'agneau maigre	50 g de mozzarella
100 g de filet de veau	75 g de fromage frais maigre
100 g de filet de bœuf	38 g de fromage en tranches (30 %)
90 g de tendron de bœuf	25 g de parmesan
90 g de filet de porc	125 g de tofu
70 g de saumon fumé	100 g de farine de blé complet
120 g de cabillaud	80 g de flocons d'avoine
120 g de maquereau	135 g de riz nature
100 g de sardines	25 g de germes séchés
120 g de plie	100 g de galettes suédoises
120 g de colin	35 g de graines de lin
110 g de crevettes	60 g de noix de cajou
120 g de langouste	35 g de cacahuètes
125 g de homard	50 g d'amandes
123 g de saucisse de volaille	50 g de pistaches
65 g de jambon dégraissé	40 g de graines de tournesol
100 g de thon	50 g de haricots secs
130 g de saumon	175 g de petits pois
100 g de flétan	200 g de choux
120 g de turbot	
200 g de pleurotes	
Les fruits et les légumes en contiennent en petite quantité.	

Quelles protéines – animales ou végétales ?

Les protéines animales s'accompagnent de graisses, et les protéines végétales, de fibres, et ces dernières ne sont pas aussi aisément assimilables que les premières ; le mieux est de choisir des protéines animales à faible teneur en graisses, et de combiner judicieusement protéines animales et végétales.

L'idéal : combinez protéines animales et végétales

Les bonnes combinaisons

La qualité des protéines nutritionnelles se mesure à la facilité avec laquelle l'organisme les utilise pour élaborer ses propres matériaux. Il produit 70 g de protéines corporelles à partir de 100 g de protéines nutritionnelles d'origine animale, alors que le cas de protéines d'origine végétale, il n'en produit que 30 g. Donc, en combinant judicieusement les deux, vous pouvez augmenter la qualité (ou valeur biologique) globale des protéines corporelles. Bonnes combinaisons : céréales et lait (müesli) ; pommes de terre et œuf ; légumineuses/légumes et viande/poisson. Pour 100 g, ces combinaisons peuvent fournir 60 g de protéines corporelles.

Les protéines se convertissent en muscles

Répartition sur la journée

Étalez votre apport protéique sur la journée

Cela étant, il n'est pas judicieux d'absorber une fois pour toutes ses protéines au petit-déjeuner.
Les besoins doivent être couverts tout au long de la journée à raison de 10 à 20 g par repas, et vous verrez qu'il est relativement difficile de les satisfaire – surtout si vous êtes végétarien (ou végétarienne).

Des concentrés protéiques, une solution pratique

Si vous vous déplacez beaucoup et que vous n'avez pas le temps de préparer quoi que ce soit, ou que vous ne supportez pas les laitages, vous pouvez acheter un concentré de protéines en pharmacie : au lieu d'un steak-frites, il vaut toujours mieux se préparer une boisson protéinée et l'agrémenter de fruits frais. On reconnaît un bon concentré protéique à sa composition : 60 % de protéines animales (souvent du blanc d'œuf) et 40 % de protéines végétales (soja). Vérifiez que l'étiquette indique bien la valeur biologique pour 100 g.

Grâce aux concentrés protéiques, les sportifs de haut niveau peuvent empêcher leur organisme d'attaquer le système immunitaire pour se constituer des muscles

Sans protéines, pas d'hormones

L'hormone amincissante, le glycogène, n'est pas la seule à piloter le métabolisme lipidique ; les principales hormones brûlant des graisses sont les suivantes :

L'hormone de croissance aide à mincir lors du sommeil

Prenez une collation juste avant d'aller vous coucher

Le brûleur de graisses le plus actif de l'organisme est l'hormone de croissance qui n'exerce son action que la nuit, car elle est produite au plus profond du sommeil. Son mode d'action est le suivant : il suffit de deux acides aminés, l'*arginine* et la *lysine*, et la masse musculaire augmente, les graisses fondent et les tissus de la peau se raffermissent. L'arginine et la lysine sont fournies par les flocons d'avoine, les laitages, les œufs, la volaille et les produits de la mer.

► **Conseil minceur** : juste avant d'aller vous coucher, buvez un verre de lait écrémé ou mangez un morceau de blanc de dinde, arrosé de citron, ou un yaourt accompagné de flocons d'avoine. Vous trouverez d'autres collations pour le soir dans les recettes données p. 72.

La carnitine évacue les graisses

La carnitine transporte les graisses sur le lieu de combustion

La carnitine pilote le métabolisme tout en vous aidant à mincir ; elle transporte les graisses du sang vers les cellules où elles sont brûlées. Un apport insuffisant en protéines entraîne rapidement une carence en carnitine. Les

Une collation appropriée avant de vous coucher pour mincir : activez l'hormone de croissance, elle augmente votre masse musculaire et fait fondre les graisses durant le sommeil

personnes enveloppées n'ont, souvent, pas assez de cet efficace brûleur de graisses dans le sang. L'organisme en produit seulement en petites quantités, et uniquement s'il dispose d'assez de vitamines C et B_6, ainsi que de fer.
► On trouve la carnitine dans les viandes maigres, la volaille et les laitages.

Méthionine – l'acide aminé de la minceur

Une carence en méthionine fait grossir

Vous vous sentez souvent fatigué(e) et abattu(e) ? Peut-être avez-vous un taux de méthionine trop faible dans le sang. Cet acide aminé joue un rôle déterminant dans la constitution des protéines, et une carence affaiblit le système immunitaire, augmente le risque de cancer et fait grossir. Élément constitutif des protéines musculaires, et composant de la carnitine, il contribue à l'évacuation des graisses avant leur élimination et s'avère indispensable à l'élaboration de la noradrénaline, l'hormone du stress qui excite l'appétit.
► On trouve la méthionine dans le foie, la viande, le poisson, la volaille, le fromage, le yaourt, les lentilles et les dérivés du soja.

La taurine donne des ailes aux bourrelets disgracieux

La taurine est un excitant efficace

La taurine est employée comme excitant dans les boissons énergétiques ; elle a ceci de positif qu'elle aide l'hypophyse à émettre ses hormones brûleuses de graisses, notamment l'hormone de croissance ; elle est excrétée par les voies biliaires, lors du catabolisme du cholestérol, qui joue un rôle très important dans la digestion des graisses. Les personnes qui ont une surcharge pondérale manquent souvent de taurine, que l'organisme ne peut synthétiser que s'il dispose de suffisamment de méthionine.
► On trouve la taurine dans les crevettes, les coquillages, la viande et le foie.

La noradrénaline brûle les graisses

La noradrénaline convertit les graisses en paquets d'énergie

C'est lorsqu'on est fortement soumis au stress et que l'on accomplit des performances élevées que l'on brûle le plus de graisses. Les glandes surrénales envoient dans le sang de la noradrénaline – la bonne hormone du stress – qui atteint les cellules graisseuses, et puise dans les graisses pour produire de l'énergie, dont le corps et l'esprit ont un besoin urgent dans ces moments précis.
► Afin de produire assez de noradrénaline pour attaquer vos bourrelets disgracieux, vous devez absorber suffisamment de protéines.

Brûleurs de graisses par excellence : les vitamines

Une carence en vitamines fait grossir. Vous vous demandez peut-être comment c'est possible, et pourquoi l'absence d'une substance peut se répercuter sur les graisses ? Parce que l'organisme est intelligent : lorsqu'une substance lui manque, on a toujours faim, donc on mange, et si l'on absorbe la substance requise, il se calme, mais dans le cas contraire, on continue d'avoir faim ; c'est aussi simple !

Même un « manque » peut faire grossir

Répartition des tâches dans le métabolisme lipidique

Le métabolisme lipidique c'est le transport des molécules des graisses des réserves énergétiques vers les cellules musculaires. Ces molécules sont absorbées par les *mitochondries*, chaudières brûlant les graisses dans les cellules. Ces opérations nécessitent des nutriments essentiels, comme les vitamines, les sels minéraux et les oligo-éléments : ces substances veillent à ce que les graisses des aliments soient brûlées dans les chaudières des cellules pour produire de l'énergie.

En cas de carence en vitamines les graisses s'installent

Si nous n'absorbons pas de brûleurs de graisses dans notre alimentation, ces dernières s'installent aux endroits indésirables : hanches, fesses et ventre. On ne grossit donc pas uniquement parce qu'on a faim, mais aussi parce que les bourrelets ne sont pas du tout attaqués si on n'absorbe pas les vitamines requises.

Vitamine C – la vitamine-minceur la plus active

La vitamine C renforce le système immunitaire et nous protège des radicaux libres, molécules d'oxygène destructrices produites par l'organisme lors du métabolisme. D'autres radicaux libres proviennent des substances toxiques présentes dans l'environnement et les UV. En attaquant l'organisme, ils contribuent au vieillissement général des organes, des nerfs, de la peau, voire de l'être tout entier.

La vitamine C conserve à vos cellules leur jeunesse

La deuxième mission importante de la vitamine C dans l'organisme, est de surveiller la production d'hormones, dont dépendent notre humeur et notre vitalité. Lorsqu'on fait preuve de créativité pour résoudre un problème, que l'on court dans les prés, ou que l'on a un besoin dévorant d'activité, la vitamine C active leur production.

Vitamine C - la vitamine-minceur la plus active

La vitamine C est indispensable

Pour éliminer les graisses, l'organisme avale littéralement la vitamine C ; si l'on n'en a pas assez, il est impossible de mincir.

Ainsi, le corps ne peut pas produire de noradrénaline, hormone qui, nous l'avons vu, extirpe la graisse des cellules produisant très rapidement de l'énergie. La vitamine C participe aussi à l'élaboration de la carnitine, substance qui transporte les molécules de graisse, du sang vers les chaudières des cellules.

Pas d'élimination des graisses sans vitamine C

La vitamine C nous aide à mincir également d'une autre manière : d'une part, elle renforce et réticule le tissu conjonctif, et d'autre part, elle rend la peau lisse.

On n'absorbe jamais assez de vitamine C : mangez des fruits, si possible avec beaucoup de pulpe, pour en augmenter les effets.

Les personnes qui ont une surcharge pondérale ont souvent trop peu de vitamine C, et comme celle-ci doit protéger chaque cellule, une personne ayant beaucoup de cellules à protéger doit en absorber plus.

Combien faut-il de vitamine C pour faire fondre la graisse ?

Les doses recommandées par les diététiciens vont de 500 mg à 3 g par jour. Linus Pauling, prix Nobel et père de la vitamine C, en prenait 10 g par jour. Si vous voulez mincir, 1 g ne vous fera pas de mal.

Dose minceur : 1 g de vitamine C par jour

À part manger beaucoup de fruits et légumes, il est très efficace d'absorber de l'acide ascorbique en poudre, vendu en pharmacie. Mais attention, il faut toutefois éviter d'en absorber trop d'un coup, car la vitamine C serait rapidement évacuée par les reins. L'important est d'en absorber régulièrement pendant la journée.

► **Conseil minceur n° 1** : mangez tous les jours des fruits et des légumes frais, si possible crus. Bons pourvoyeurs de vitamine C : kiwis, oranges, citrons, fraises, pamplemousses, choux, petits pois, asperges et pommes.

► **Conseil minceur n° 2** : ajoutez du citron pressé à l'eau minérale, et beaucoup de pulpe, car les flavonoïdes qu'elle contient multiplient par 20 l'action de la vitamine C !

Le calcium renforce les os et élimine les graisses

Le calcium renforce les os ; ainsi, en mangeant chaque jour du yaourt, du fromage frais et d'autres fromages, vous éviterez l'ostéoporose (diminution de la masse osseuse s'installant avec l'âge).

Le calcium est, par ailleurs, un puissant brûleur de graisses : il stimule l'activité des enzymes de la digestion et purifie le corps. Sans calcium, le meilleur des régimes ne sert à rien, vous aurez même plutôt tendance à grossir. Attention : si vous ne supportez pas les laitages, achetez du calcium en pharmacie.

Pour mincir, il est indispensabl[e] d'absorber 1 g de calcium/jour

► On trouve le calcium dans le lait et les laitages, les légumes verts (bette, brocoli et choux) et les légumineuses.

Le magnésium vous débarrasse de la graisse

Parmi les sels minéraux, le magnésium est l'amincissant le plus efficace : il contribue aux performances physiques et intellectuelles, mais aussi au bon fonctionnement des nerfs et des muscles. Lorsqu'il vient à manquer, on est nerveux, incapable de se concentrer, perclus de crampes musculaires et fatigué chronique.

Le magnésium organise l'alimentation des cellules en oxygène, et, partant, l'élimination des graisses. Comme nous l'avons vu précédemment, sans oxygène, celle-ci est impossible ; en outre, nombre de personnes manquent de magnésium, car l'utilisation excessive d'engrais provoque sa raréfaction dans les sols. Le magnésium est présent dans l'enveloppe du blé, c'est pourquoi le blé complet apporte vitalité et minceur, et la farine blanche, fatigue et kilos en trop. La ration quotidienne requise est de 300 à 400 g.

► Amincissants contenant du magnésium : blé complet, légumes verts, pousses de soja, légumineuses… et chocolat amer.

Combinaison super-amincissante : les algues des sushis contiennent beaucoup d'iode, et les fruits de mer beaucoup de protéines, et pratiquement pas de calories.

Conseil minceur de la mer : les sushis

Les algues contiennent mille fois plus d'iode que tout autre aliment, et l'iode est le carburant de la glande thyroïde, qui est l'acteur essentiel du métabolisme : elle en a besoin pour l'élaboration des hormones, qui nous remplissent d'énergie et brûlent les graisses. Que l'iode vienne à manquer, et toutes les fonctions physiologiques sont ralenties, ainsi que le métabolisme.

L'organisme a besoin, tous les jours, de 200 µg d'iode,

aussi le mieux est-il d'utiliser du sel de cuisine iodé.

▶ Mangez beaucoup de poisson et de crustacés et complétez – comme le font si judicieusement les mannequins – par des algues marines, le produit-minceur miracle que vous connaissez sans doute des sushis.

Action du chrome dans le métabolisme lipidique

Aux États-Unis, 50 % de la population souffrent d'une carence en chrome, c'est-à-dire les 50 % d'obèses. Cet oligo-élément indispensable participe au métabolisme glucidique lors de la transformation des protéines et des graisses. Les diététiciens sont partagés quant à l'absorption de préparations au chrome, son excès s'avérant plus néfaste que bénéfique.

Indispensable : 50 à 200 µg de chrome par jour

▶ Couvrez l'apport en chrome par des sources naturelles : céréales complètes, germes de céréales, prunes, brocoli, noix, foie et fromages.

CONSEIL !

Les nutriments essentiels pour retrouver la ligne et la garder

Pour le bon fonctionnement de son métabolisme, l'organisme doit disposer des 13 vitamines (les vitamines liposolubles A, D, E et K et la vitamine C, hydrosoluble, ainsi que les vitamines du groupe B), des sels minéraux (sodium, potassium, calcium, phosphore, magnésium et chlore) et des oligo-éléments (fer, iode, cobalt, cuivre, manganèse, molybdène, zinc, chrome, sélénium et bore).

Comment couvrir ces besoins sans manquer de nutriments?

- mangez tous les jours des fruits et légumes, même crus
- réduisez les graisses animales au profit d'une huile végétale
- consommez des laitages
- invitez plus souvent le poisson à votre table
- évitez les plats tout préparés, préferez des céréales complètes
- cherchez un bon magasin de primeurs
- cherchez un bon boucher
- évitez de manger trop souvent à la cantine
- fuyez les déjeuners sur le pouce
- apprenez à cuire les aliments en préservant les vitamines
- choisissez des produits de saison et de votre région

Si vous ne pouvez suivre ces conseils, demandez à votre médecin de vous prescrire de bonnes préparations contenant les vitamines et les sels minéraux nécessaires.

Les produits frais remplacent avantageusement les préparations multivitaminées

Pour mincir en gourmet

Passons maintenant à la pratique. Ce chapitre regroupe tous les aliments qui font mincir. Vous apprendrez quels sont les fruits et les légumes qui aident à faire fondre les kilos ; comment choisir judicieusement les garnitures, et quelles sont les boissons qui n'attirent pas l'insuline, l'hormone responsable de la prise de poids. Page 72 débute le régime de remise en forme par les brûleurs de graisses. On peut perdre 5 kg en 10 jours, et entamer alors une vie nouvelle, dans la minceur, la bonne humeur et la vitalité.

Brûleurs de graisses de A à Z

Vive les fruits

Mangez autant de fruits que vous voulez, ce ne sera jamais assez, car ils apportent une foule de nutriments essentiels et de fibres alimentaires ; de plus, ils ne sont pratiquement pas caloriques.

Abricot : le fruit de jouvence

Les populations himalayennes vivent en moyenne dix ans de plus que les Européens, ce qui s'explique, entre autres, par une forte consommation d'abricots, fruits riches en caroténoïdes, pigments végétaux qui annulent les effets nocifs des radicaux libres et protègent le système circulatoire et cardiaque ainsi que le cerveau. L'abricot fait fondre les graisses, grâce à l'acide pantothénique (vitamine de la beauté, qui est source de vitalité, et favorise l'élimination des graisses), et grâce à sa forte teneur en fer, qui achemine l'oxygène dans les cellules et rend ainsi possible l'élimination graisseuse. L'acide silicique renforce le tissu conjonctif et raffermit l'épiderme ; et le potassium est diurétique.

► **Dose minceur** : 6 abricots/jour de mai à août.

Les abricots apportent jeunesse et beauté. Que demander de plus ?

Ayez toujours des agrumes à portée de main dans la cuisine : ils vous aident à mieux assimiler les protéines et les sels minéraux et donc, à faire fondre les kilos superflus.

Agrumes : l'acidité fait mincir

Parmi les fruits, les agrumes sont les meilleurs amincissants. Pourquoi ? parce qu'ils fournissent non seulement la vitamine C-attrape-graisses, mais aussi des flavonoïdes en quantité, (substances qui ont pour vertu de multiplier l'effet de cette même vitamine). Cette combinaison détonante ne fait pas que renforcer le système immunitaire : elle facilite également l'assimilation des protéines (formation des muscles), du fer (transport de l'oxygène) et du calcium (renforcement des os) issus des aliments. Attention : la plupart des flavonoïdes se trouvant dans la peau blanche, il est donc important de ne pas peler les fruits à vif.

La vitamine C conserve la jeunesse à vos cellules

► **Trois bons conseils** :

Buvez un verre de jus de pamplemousse ou d'orange avant le repas.
Arrosez toujours le poisson ou la viande de citron.
Buvez chaque jour le jus de 4 citrons, mélangé à 2 l d'eau minérale.

Avocat : le gros amincisseur

Le secret de l'avocat : des matières grasses qui font mincir

Difficile à croire, certes, mais pourtant, le fruit le plus riche en matières grasses aide à mincir, car il contient de précieux acides gras insaturés, qui, aussi essentiels à la vie que les vitamines, renforcent les nerfs et lubrifient la peau ainsi que les membranes cellulaires. L'avocat fournit donc des corps gras essentiels, et de précieuses protéines, mais sa véritable substance-miracle s'appelle *mannuheptulose* : c'est un hydrate de carbone d'un type particulier pouvant abaisser le taux de glycémie : la production d'insuline est freinée et les bourrelets s'effacent ; le cerveau reçoit assez de glucose : on se sent plein d'énergie, concentré, réceptif. La vitamine E protège des affections cardio-vasculaires et la vitamine B1 renforce les nerfs.

▶ **Plus puissant que tout régime amincissant** : l'avocat aux herbes et au jus de citron.

Baies : pilules amincissantes naturelles

Les baies fournissent beaucoup de nutriments essentiels et sont peu caloriques. On peut en manger autant qu'on veut, et mincir. Elles contiennent toutes de la vitamine C, qui, comme nous l'avons vu, favorise l'élimination des graisses et stimule le système immunitaire. Leurs flavonoïdes (pigments) multiplient par 20 l'effet de la vitamine C ! Les substances végétales purifient l'organisme, le débarrassent de son eau superflue et raffermissent le tissu conjonctif, réduisant ainsi la cellulite.

▶ **Règle d'or** : plus la couleur est vive, plus le fruit contient de pigments, meilleur il est pour la santé.

● Les **fraises** ont un réel pouvoir amincissant, car plus que tout autre fruit, elles apportent du manganèse, oligo-élément nécessaire à la glande thyroïde pour produire les hormones amincissantes dans le métabolisme. Elles exercent une action diurétique avec leur potassium, et leurs tanins (catéchine) tuent les bactéries et préviennent les inflammations. Les fraises – grâce à leur acide folique et leurs anthocyanines (pigments rouges qui protègent la peau) – sont un véritable élixir de beauté et un aphrodisiaque efficace.

Envie de fraises ? Mangez-les sous les formes les plus diverses : les résultats ne se feront pas attendre.

● Les **groseilles** : rien qu'à l'évocation de ces baies rouges, vous esquissez un grand sourire, car elles figurent parmi les plus grands pourvoyeurs de vitamine C. Presque aucune autre baie n'a autant de pouvoir amincissant.

En une heure et demie, elles activent le métabolisme cellulaire de manière visible. Leur potassium est diurétique, l'acide pantothénique protège la peau et les cheveux, et leur magnésium, comme le manganèse, stimule l'élimination des graisses.

● N'oubliez cependant pas les autres baies, elles ont toutes leurs spécificités : les **mûres** renforcent le tissu conjonctif, préviennent les phlébites et les varices ; les **myrtilles** contiennent tout un ensemble de substances bioactives, elles préviennent le cancer et renforcent le système immunitaire. Les **framboises**, quant à elles, sont de petites pilules de beauté : leur vitamine A protège la peau, les cheveux et les ongles.

Cerises : bénéfiques à double titre

Les cerises purifient et raffermissent la peau

Les cerises neutralisent les graisses dans l'intestin, ce qui les empêche ainsi de parvenir dans le sang ; ce sont de précieuses alliées minceur à un autre titre : leurs sels minéraux (potassium, fer et calcium), leurs vitamines (C et acide folique) et leurs pigments (anthocyanines) éliminent les impuretés et les toxines ; accélèrent la formation du sang et du tissu conjonctif ; freinent les inflammations ; renforcent le système immunitaire et les os. Une cure de cerises aide non seulement à rajeunir, mais aussi à adoucir et purifier la peau.

Figues : pour les amateurs de sucre

Quatre figues dans un verre d'eau et tous les problèmes de digestion sont réglés

Fruit d'Orient le plus ancien, aux vertus médicinales, la figue n'offre pas uniquement un riche assortiment de sels minéraux et de vitamines, elle fournit au cerveau des glucides pour plusieurs heures et rassasie longtemps grâce à ses substances de lest ; enfin, elle tonifie l'intestin grâce à son enzyme, la *ficine*.

► **Conseil sucré** : si vous mourez d'envie de manger sucré, la figue comble vos désirs et fait mincir.

Les Fruits exotiques, solution aux carences en vitamines

En hiver, il est difficile de se passer de fruits exotiques alors que les fruits traditionnels sont restreints. Tous contiennent une foule de vitamines et de sels minéraux, et comme leurs nutriments essentiels sont enfermés dans une enveloppe épaisse, ils supportent de plus longues distances de transport. Les fruits exotiques apportent, par ailleurs, les enzymes nécessaires pour activer l'élimination des graisses.

● **Ananas** : doux et acide à la fois, son stipe (partie dure médiane) contient une enzyme appelée *bro-*

Les fruits exotiques contiennent une quantité particulièrement élevée d'enzymes

méline, qui n'active pas la fonte des graisses dans les cellules, comme on le dit souvent, mais qui dissocie toutefois les grosses molécules de protéines, de manière à ce qu'elles soient plus aisément assimilables par la cellule. Les protéines étant connues pour leur pouvoir amincissant, il faut manger le stipe. L'ananas contient aussi du magnésium, du fer, de l'iode et du zinc, substances minérales qui activent le métabolisme lipidique. Malheureusement, son indice glycémique est élevé, il faut donc éviter de le manger avec de la crème.

● **Mangue** : aucun autre fruit ne contient autant de beta-carotène, provitamine qui protège les cellules.

Elle protège les cellules de l'organisme grâce à ses trois vitamines antioxydantes, A, E et C. Son acide pantothénique aide à faire fondre la graisse et sa vitamine B_6 exerce une action anti-stress et participe à la transformation des protéines, favorisant ainsi le renforcement musculaire. Le potassium est diurétique et le manganèse aide à mincir. Enfin, sa pulpe facilite la digestion.

● **Papaye** : ce fruit exotique fournit, lui aussi, naturellement beaucoup de vitamines et de sels minéraux, mais, plus important encore, des enzymes à profusion, qui jouent un rôle essentiel pour l'élimination des graisses dans le métabolisme : elles scindent les protéines pour qu'elles parviennent bien à l'endroit où elles exercent leur action, à savoir les cellules, et pour qu'elles puissent activer le catabolisme lipidique. Si vous digérez mal les protéines, une cure de papaye vous aidera.

► **Conseil minceur pour l'hiver** : mangez un fruit exotique différent chaque jour.

Avec son cocktail d'enzymes, la papaye est le fruit minceur idéal : on peut le déguster au petit-déjeuner ou dans des salades qui croquent sous la dent

Kiwi, le fruit de la forme

Gorgé de vitamine C, ce fruit vert, originaire d'Asie, mais acclimaté en France, est idéal pour la forme. Associée au magnésium, sa vitamine C accélère le métabolisme et stimule la production d'hormones amincissantes ; son calcium renforce les os et les nerfs, son potassium exerce un effet diurétique et fortifie le cœur, et son fer favorise le transport d'oxygène vers les cellules. Son enzyme *protéolytique* méta-

bolise le cholestérol et fluidifie le sang.

► **Conseil minceur** : 1 kiwi/jour.

Poires : la vivacité du bore

Les poires permettent de rester mince, car leurs substances actives favorisent la digestion et libèrent le corps de son eau superflue ; elles nettoient l'intestin et débarrassent l'organisme du plomb, du mercure et du cadmium. Elles fournissent du bore, élément qui aide à mincir en relevant le taux de la testostérone – hormone virilisante – dans le sang, aussi bien chez l'homme que chez la femme. On trouve du bore dans les dattes, les raisins, les raisins secs et les pêches.

Les poires – fraîches ou séchées – activent non seulement la digestion, mais donnent plus de force physique, aussi bien chez les hommes que chez les femmes.

Pomme : une mine de santé

Une pomme tous les matins éloigne le médecin… et les kilos ; ainsi pourrait bien se terminer ce vieux dicton. Fruit par excellence, la pomme maintient constant le taux de glycémie, et limite la production d'insuline, l'hormone de la prise de poids ; elle apporte au cerveau l'énergie nécessaire (glucose), et rassasie pour longtemps. Sa forte teneur en pectine (substance de lest soluble) favorise le métabolisme lipidique. Deux pommes par jour abaissent le taux de cholestérol et renforcent le système immunitaire. Comme d'autres brûleurs de graisses, elle contient de la vitamine C, du potassium et du magnésium.

► **Pour mincir** : 2 pommes/jour.

Les pommes purifient l'organisme. Pour le fruit, comme pour le jus, plus c'est acide, mieux c'est.

Prunes : amincissantes

On sait depuis longtemps que les prunes ont un effet laxatif, et aujourd'hui les chercheurs ont établi que les prunes séchées (pruneaux) sont les fruits les plus efficaces contre le cancer ! Leurs fibres emprisonnent les graisses superflues dans l'intestin, ce qui les empêche de s'installer sur les hanches ou le ventre. Elles ont un effet diurétique, et leurs nombreuses vitamines B ont une action bénéfique sur le système nerveux, préviennent le stress, et mettent de bonne humeur.

► **Conclusion** : idéales pour mincir.

Les prunes sont excellentes pour la digestion

Légumes – sources de santé

Dans les pays du Nord de L'Europe, on consomme 80 kg de légumes par an, soit moins de la moitié de ce que mangent les habitants du pourtour méditerranéen. C'est pourquoi ces derniers sont moins touchés par le cancer, et pourquoi aussi leur taux d'infarctus est beaucoup moins élevé. Les légumes contiennent pourtant tout ce dont nous avons besoin :

Les légumes sont des aliments parfaits, car riches en nutriments essentiels et pauvres en calories

- Les **substances de lest** : les fibres végétales enlèvent la sensation de faim, gonflent dans l'intestin, activent la digestion et évacuent les toxines.
- Les **huiles essentielles** stimulent la digestion et le métabolisme, purifient l'organisme et renforcent le système immunitaire.
- La **chlorophylle** participe à la réparation des cellules du corps, purifie l'organisme, réduit la tension artérielle, contribue à la formation du sang, tonifie le système immunitaire et prévient le cancer.
- Les **composés secondaires** : les plantes produisent des substances protectrices et curatives pour se protéger des nuisibles, notamment les flavonoïdes, les caroténoïdes, les phytostérols et les saponines, et nous profitons de cette « médecine naturelle ». Depuis la nuit des temps, on a identifié 100 000 substances végétales actives qui, selon le cas, éliminent les bactéries, protègent du cancer, préviennent les inflammations, arment les cellules contre les radicaux libres ou encore renforcent le système immunitaire.
- Les **nutriments essentiels** : même s'ils ne contiennent que peu de calories, les légumes offrent toutes les vitamines et les sels minéraux dont l'organisme a besoin, lesquels servent, bien entendu, aussi à l'élimination des graisses !

Les légumes offrent tous les nutriments essentiels dont on a besoin pour mincir et rester en bonne santé. Mangez-en aussi souvent que possible, et en grandes quantités !

Conseils pour les légumes :

► Ces remèdes universels devraient figurer trois fois par jour à votre menu ! Nous ne pouvons ici les énumérer tous, mais soyez sûr(e) d'une chose : ils sont tous bons pour la santé !

► Variez les couleurs : les substances contenues dans les légumes rouges diffèrent de celles des légumes verts ou jaunes. Plus sa couleur est intense, plus le légume contient de substances actives.

► Le mieux est de combiner les légumes poussant dans le sol (carottes) avec ceux poussant sur le sol (salades) et ceux poussant au-dessus du sol (tomates).

► Garantie vitamines : choisissez des légumes de saison cultivés dans votre région. Achetez des légumes frais que vous préparerez sans attendre ; évitez de les couper en trop petits morceaux et de les laisser trop longtemps dans l'eau, et veillez à les cuire de manière à préserver les vitamines. Même les légumes surgelés sont riches en vitamines.

Algues : produit-minceur miracle de la mer

Les algues renferment toutes les vertus curatives des mers et des océans, c'est pourquoi, aux États-Unis, elles sont actuellement si recommandées pour la santé. Elles aident à combattre surcharge pondérale et stress, et préviennent l'infarctus et le cancer ; elles contiennent plus de nutriments essentiels que tous les autres végétaux car elles renferment pratiquement toutes les vitamines, mais aussi 41 sels minéraux et oligo-éléments – le plus important étant l'iode, brûleur de graisses. Malheureusement, il est difficile de trouver des algues fraîches.

► **Conseil** : les algues séchées (magasins asiatiques) méritent bien un détour culinaire (page 48).

Artichauts : de précieux alliés pour la digestion

La *cynarine*, substance active extraite de l'artichaut, aide à purifier l'organisme : par son action diurétique et stimulante sur la digestion, elle accélère le métabolisme lipidique. Elle conserve, par ailleurs, la jeunesse des vaisseaux, fait baisser le taux de cholestérol dans le sang et enfin, elle prévient l'artériosclérose.

Les artichauts constituent un hors-d'œuvre idéal : ils stimulent la production de sucs biliaires et activent la digestion

Asperge : tige minceur n° 2

Cette tige délicieuse ne contient par bonheur que 15 kcal pour 100 g. Son *asparagine* aide les reins dans leur fonction de sécrétion urinaire. Au chapitre minceur : maintes substances de lest, vitamine C, fer, calcium et iode.

► **Conseil pour mincir** : d'avril à juin, mangez autant d'asperges que vous voulez.

aine et (presque) acalorique : pour miner les toxines par l'excrétion urinaire, mangez des asperges ou buvez leur jus.

Brocoli : un aide efficace

e brocoli protège es cellules contre es radicaux libres

Le brocoli est l'un des légumes les plus efficaces contre le cancer. Cette plante vert foncé regorge en effet d'antioxydants, substances qui capturent les radicaux libres nuisibles pour les cellules. Membre de la famille des crucifères, il renferme de l'*indole* et des *glucosinolates*, substances qui renforcent le système immunitaire (des études ont montré qu'elles pouvaient même réparer les dommages causés aux cellules). La vitamine B lui donne le pouvoir de renforcer les nerfs. La quantité élevée de vitamine C et de calcium qu'il contient en font, par ailleurs, un véritable brûleur de graisses.

► **Conseil** : essayez aussi le chou-fleur et le chou de Bruxelles.

Carottes : ou comment grignoter élégamment

Les carottes affichent un indice glycémique assez élevé, mais uniquement si elles sont cuites. Comme crudité, elles font partie de l'arsenal minceur, avec leur forte teneur en pectines, pour l'entretien de l'intestin, et en vitamine A, pour la protection de la peau.

Attention : mangez toujours les carottes avec un peu d'huile d'olive pour que la vitamine A parvienne aux cellules de l'organisme.

► **Conseil minceur** : devant la télé, préférez les carottes aux chips.

Céleri : tige minceur n° 3

Qu'il s'agisse du céleri branche ou du céleri rave, les substances actives de ce légume (substances amères, hormones végétales, huiles essentielles) facilitent la digestion, ainsi que le métabolisme, et aident à évacuer de l'organisme l'eau superflue. Les naturopathes le prescrivent en cas d'obésité, de troubles digestifs ou de diabète.

► **Conseil minceur** : saucez des branches de céleri dans du fromage frais en hors-d'œuvre.

Chou : source de vitalité

Toutes les variétés de choux débordent de vitamines et de sels minéraux

Toutes les variétés de choux contiennent un peu de protéines, un peu de glucides et guère de calories. Toutefois, ils protègent la peau grâce à leur vitamine A, renforcent les nerfs par leur vitamine B et réduisent les bourrelets disgracieux par leur très forte teneur en vitamine C. Calcium, fer, iode et zinc participent également à la tâche. La forte concentration de potassium contribue à éliminer les toxines. L'isiothiocyanate d'allyle (ou essence de moutarde) et les pigments ont une action antibiotique, préviennent le cancer et font baisser le taux de cholestérol.

Endive : le top minceur

L'endive est amère au palais, douce pour la santé et impitoyable à l'encontre des cellules graisseuses. L'*intybine*, substance amère produite par ce légume, stimule la digestion et le métabolisme. Vitamine C, calcium, magnésium, fer et potassium contribuent par ailleurs à faire disparaître les cellules graisseuses.
▶ **Conseil** : parmi les autres brûleurs de graisses pauvres en calories, nous vous conseillons la mâche, la laitue, la salade Trévise et le pissenlit.

Herbes : le miracle

Les herbes transfigurent les plats ; elles sont bonnes pour la santé, apaisantes et relaxantes ou stimulantes, aident à rester mince, et leurs constituants activent le métabolisme et facilitent la digestion.

Haricots, petits pois, lentilles et leurs parents sont les plus importan[ts] sources de protéines végétales.

Cultivez des herbes sur le rebord d'une fenêtre, pour les ajouter fraîchement cueillies à vos plats prêts ; vous éviterez l'évaporation des huiles essentielles et de la vitamine C à la cuisson.
Le **basilic** est apaisant et renforce l'estomac ; la **sarriette** protège contre les bactéries et nettoie la peau ; la **bourrache** apporte joie et beauté ; le cresson facilite la digestion et renforce le système immunitaire ; l'**aneth** purifie l'organisme et aide à l'endormissement ; l'**estragon** est un diurétique et un antidépresseur ; le **cerfeuil** aide à combattre l'atonie printanière ; la **marjolaine** et l'**origan** renforcent les nerfs ; le **persil** ac-

Ajoutez les herbes après la cuisson

tive le métabolisme ; la **sauge** facilite la digestion ; la **ciboulette** est diurétique et purifie l'organisme ; quant au **thym**, il renforce l'intestin et soulage les crampes.

Légumineuses : oui sans hésitation

Les légumineuses, qui renferment une grande quantité de substances de lest et de protéines végétales, figurent en tête de liste des brûleurs de graisses. Leur forte teneur en sels minéraux et en vitamines leur confère un véritable pouvoir amincissant. Les haricots verts, par exemple, contiennent de la *gluco-quinine*, substance qui agit comme l'insuline, abaissant le taux de glycémie et contribuant ainsi à l'élimination des graisses.

► **Conseil minceur** : mangez souvent des haricots verts, des cocos ou des flageolets, des lentilles, des petits pois ou encore des pois chiches.

Oignon : des larmes de joie

Pas un jour de régime sans oignon ! Légume par excellence, il abaisse le taux de glycémie et stimule l'élimination des graisses. En outre, il protège le cœur ; facilite la digestion ; guérit l'intestin ; libère l'organisme de ses toxines ; combat les inflammations ; exerce un effet apaisant et permet de garder les idées claires.

Ses capacités purificatrices s'appuient sur le potassium, le calcium, le fer, l'iode, le sélénium et les huiles essentielles, éminemment curatives. Cela vaut aussi pour l'ail.

► **Conseil minceur** : émincez un gros oignon dans votre salade quotidienne.

Les Romains attribuaient déjà à l'oignon de grandes vertus thérapeutiques et… aphrodisiaques

La chaleur du Piment oiseau met le feu aux cellules graisseuses

Le goût très fort du piment sur la bouche envoie au cerveau le message : *aïe, ça fait mal !* Le cerveau sécrète alors de l'endorphine, hormone qui apaise la douleur et rend de bonne humeur. À son tour, cette bonne humeur rend alerte et… mince. La chaleur du piquant attaque les cellules graisseuses. Les saveurs piquantes aident aussi ponctuellement les asthmatiques à mieux respirer, sans effets secondaires, ce qui est un grand avantage.

► **Conseil minceur** : épicez plus souvent vos plats avec du poivre de Cayenne.

Poireau : tige minceur n°1

Dans la salade, remplacez l'oignon par du poireau cru émincé

Le poireau regorge de vitamine C, de fer, de magnésium et de calcium – autrement dit, de brûleurs de graisses. Son essence de moutarde facilite la digestion et la sécrétion urinaire.

► **Conseil minceur** : cru dans la salade, il apporte beaucoup de vitamine C.

Radis noir et radis rose

Le raifort est un véritable brûleur de graisses ; en effet, il regorge de calcium, de vitamine C, de potassium, de magnésium, de fer et d'enzymes. Ses huiles essentielles renforcent les muqueuses, activent la digestion et évacuent l'eau de l'organisme. Et son petit frère rose, le radis, possède les mêmes propriétés.

► **Conseil minceur** : agrémentez copieusement vos salades brûleuses de graisses de radis noirs ou roses émincés.

Tomate : le fruit des optimistes

Les « pommes d'amour » ont récemment eu les honneurs de la presse : comme moyen de prévention du cancer, pour leur *lycopène*, comme remède pour le cœur ou les reins ou encore comme moyen de lutte contre la goutte et les rhumatismes. La tomate est, par ailleurs, un véritable brûleur de graisses ; elle est peu calorique et diurétique grâce à son potassium. Elle est aussi riche en magnésium, en calcium, en fer et en zinc, et ses composés secondaires activent la digestion et nettoient l'intestin.

Enfin, n'oubliez pas que les tomates mettent de bonne humeur.

► **Conseil minceur** : si vous voulez être bien réveillé(e) le matin, armé(e) contre le stress et plein(e) d'optimisme pour la journée, dégustez des rondelles de tomates sur une tartine.

Pain et tomate au petit-déjeu pour faire le plein d'optimisme

Hit minceur : poissons et fruits de mer

CONSEIL !
Les Inuits sont les mieux lotis au monde sur le plan de la santé cardiaque, faites comme eux et mangez des poissons de haute mer aux des acides aminés oméga 3 : saumon, hareng, maquereau, loup de mer, cabillaud, truite de mer et thon.

Menu japonais : poissons et fruits de mer sur un lit de riz, la combinaison de protéine et de glucides la plus saine de toutes

Les huiles de poisson nettoient les vaisseaux sanguins, préviennent la formation de caillots et l'infarctus, renforcent les nerfs et nourrissent la peau. En mangeant beaucoup de poisson vous gorgez vos cellules d'acides gras oméga 3, qui vous protègent de nombreuses maladies chroniques. Vous faites par exemple échec aux *prostaglandines*, substances qui déclenchent les douleurs, provoquent des inflammations et coagulent les plaquettes sanguines.

● Pourquoi le poisson est-il un brûleur de graisses ?

Avec ses protéines il active le catabolisme lipidique ; par ailleurs, il dispose d'énormes quantités de tyrosine, l'acide aminé à partir duquel l'organisme élabore les hormones de la minceur, la dopamine et la noradrénaline. Presque aucun autre aliment (à l'exception des algues) ne fournit autant d'iode (catalyseur du métabolisme).

● Quels poissons et en quelles quantités ?

Dans l'absolu, vous pouvez manger du poisson cinq fois par semaine. Pour ceux qui n'en sont pas friands, deux fois par semaine est un minimum. Peu importe le poisson choisi, tous sont bons pour la santé : le saumon fournit de grandes quantités d'acides aminés oméga 3 ; le maquereau regorge de tyrosine ; les sardines sont des mines de protéines ; le cabillaud est pratiquement dépourvu de graisse et une portion couvre les besoins quotidiens en iode. Tous les poissons frais sont bons pour la santé à condition qu'ils ne soient pas frits ou panés ! Le mieux est de les faire griller ou cuire à l'étuvée, avec une sauce nature composée de jus de citron et d'huile d'olive.

Le poisson, l'un des meilleurs atouts minceur

● Crustacés et coquillages sont de grands brûleurs de graisses.

Crabes, langoustines, homards, crevettes, moules et huîtres contiennent des protéines, et peu de graisses ; ils pourvoient à la ration quotidienne de zinc, remède-miracle et messager de la bonne humeur.

Viande – plutôt blanche que rouge

La viande est un précieux pourvoyeur de protéines et de fer ; elle figure à ce titre parmi les brûleurs de graisses. Cependant, la viande de bœuf, de mouton et de porc contient beaucoup de mauvaises graisses et de purines, c'est pourquoi mieux vaut en manger moins souvent – et toujours du filet maigre. Préférez-lui la viande blanche : le veau et la volaille ont peu de graisses. Dans tous les cas, privilégiez toujours le poisson à la viande, et quand vous en mangez, optez pour de petites portions, 80 g dans l'idéal. Attention au restaurant : les viandes en daube, ou panées, sont préparées avec de la farine blanche, qui avec son indice glycémique élevé, emprisonne la graisse de la viande dans les cellules graisseuses.

Un choix judicieux : morceaux de filet maigre

► **Conseil minceur** : pour chasser les bourrelets disgracieux, le mieux est de manger la viande rôtie ou grillée, avec des légumes ou de la salade comme garniture.

Charcuterie – en petites quantités

La charcuterie contient une foule d'acides gras saturés, et une profusion d'additifs artificiels pour lesquels vous n'avez pas été génétiquement programmé. Si, toutefois, vous souhaitez manger de la charcuterie, soyez ferme sur la qualité. Vous pouvez consommer du jambon cru sans gras, du rosbif maigre et du jambonneau de dinde.

Il est souhaitable de bien connaître son boucher charcutier

Garnitures – une affaire de bon sens

La plupart des garnitures sont des glucides à indice glycémique élevé (riz, pâtes, pommes de terre, quenelles et pain blanc), qui attirent l'insuline, hormone de la prise de poids, car elle dirige immédiatement les molécules de graisse des aliments vers les réservoirs de graisse de l'organisme, où elle les emprisonne.

N'ajoutez jamais de corps gras aux garnitures à indic glycémique élevé

Vous pouvez remplacer ces garnitures par des pâtes au blé complet, du riz nature ou encore du pain complet. Chez soi, cela ne pose aucun problème, mais au restaurant ces substituts sont souvent absents de la carte. Accompagnez

CONSEIL !

Pour ne pas grossir, évitez, si possible, le pain avec des lipides. Pour les tartines de confiture (sans sucre), remplacez le beurre par du fromage blanc allégé, et si vous mangez une salade ou des légumes comme plat de résistance, choisissez pour l'accompagner du pain complet.

alors votre poisson ou votre viande de légumes ou d'une salade, (dont l'indice glycémique est inférieur à 15), et que vous pouvez donc consommer sans modération.

Pain – toujours à base de céréales complètes

Même s'il vous en coûte, rayez le pain blanc et les pains de farines mélangées de vos menus, car avec leur indice glycémique élevé, ce sont de réels pièges à graisses.

Mince et en forme, grâce à la farine complète

Le pain de gruau ou de seigle sont plus recommandés, car ils ne relèvent pas autant le taux d'insuline. Vous pouvez opter pour des galettes suédoises ou des toasts au blé complet, mais seulement en second choix. Dans le pain complet, les céréales fournissent des fibres à profusion, et de précieuses protéines.

Pommes de terre – sans graisse !

Les pommes de terre ayant un indice glycémique élevé, évitez de les consommer avec de la graisse. Pommes de terre sautées, frites et au beurre sont les proies préférées des cellules de graisse.

Riches en graisses, certes, mais en bonnes graisses

▶ **Conseil minceur** : vous pouvez combiner ces tubercules, avec de la viande maigre, de la volaille, du poisson ou du fromage frais.

Noix et graines

Ces petites merveilles contiennent des sels minéraux, des vitamines et jusqu'à 20 % de protéines, mais aussi beaucoup de graisses. N'attirant pas l'insuline, hormone responsable de la prise de poids, on peut les grignoter, sans excès.

▶ **Conseil** : les noix, les graines de tournesol, de courge ou de sésame ont leur place dans un müesli, la salade ou la marmite.

Laitages

Les principaux fournisseurs de calcium devraient figurer chaque jour au menu minceur car, selon certaines études, sans calcium, la graisse ne disparaît pas.

C'est aussi parce que le lait et les laitages sont très riches en protéines amincissantes qu'il faut en consommer quotidiennement. Choisissez-les maigres (p. 36).

Buvez chaque jour un verre de petit-lait, de babeurre ou de kéfir, pourvoyeurs de protéines peu caloriques, mangez également quotidiennement un **yaourt**, par exemple dans un müesli. Le yaourt contient des bactéries qui protègent la flore intestinale, et l'intestin constitue l'élément essentiel d'un métabolisme réussi. On trouve également du **fromage** avec peu ou pas

CONSEIL !

Si vous ne supportez pas les laitages, demandez auprès de votre pharmacien des protéines en poudre ou des boissons protéinées (page 43) et du calcium.

Apports quotidiens en protéines et en calcium, avec le moins de matières grasses possible

de matières grasses (cottage cheese, brousse et autres fromages de chèvre frais). Vous pouvez toutefois sans crainte déguster un fromage à pâte cuite, riche en matières grasses, si vous l'accompagnez de tomates et non de pain, ou tout au moins de pain complet.

Boissons – du jus de pomme à l'eau citronnée

Toute vie prend naissance dans l'eau, c'est pourquoi elle constitue notre élixir de jouvence. L'organisme est composé de 70 à 80 % d'eau, et avec l'âge, cette proportion faiblit. Si elle est de 690 g/kg pour un bébé, elle n'est plus que de 600 g/kg pour l'adulte.

Même si cela semble beaucoup : il faut boire au moins 8 verres/jour

L'eau est nécessaire au métabolisme : chaque cellule est alimentée par son biais. C'est l'évaporation de la sueur qui régule la température du corps, et l'évacuation des liquides qui permet d'éliminer les toxines. L'eau est le nutriment essentiel entre tous : on peut rester sans manger des semaines, mais seulement 4 à 5 jours sans boire. Même sans se dépenser physiquement, nous perdons 2 à 3 l/jour de liquide, et l'on doit compenser.

Eau minérale : coupe-faim sans calorie

Buvez 2 à 3 l/jour d'eau minérale. Démarrez le matin par un verre à la

Prenez l'habitude d'ajouter des citrons pressés dans l'eau minérale, vous aurez ainsi votre ration quotidienne de vitamine C et vos kilos fondront.

température de la pièce, surtout si vous avez des problèmes de digestion. Cela déclenche le *réflexe gastrocolique* : 10 mn plus tard, il faut « aller au petit coin ».

- Buvez toujours un grand verre d'eau minérale avant le repas. Cela vous remplira l'estomac et apaisera un temps le sentiment de faim.
- Buvez une eau minérale riche en magnésium, au moins 100 mg par litre. Comme on l'a vu en effet, le magnésium est un précieux brûleur de graisses. L'iode, le sélénium et le zinc aident aussi à mincir. Avant d'acheter une eau minérale, comparez les indications données sur les étiquettes des bouteilles.
- Si votre estomac le supporte, buvez bien froid. Pour porter ce liquide à la température du corps (37 °C), l'organisme doit fournir une énergie supplémentaire, une dépense appréciable si l'on boit 2 l/jour.

Comparez les indications données par les étiquettes sur les bouteilles d'eau minérale

● Ajoutez deux citrons pressés dans chaque bouteille d'eau minérale pour la vitamine C, brûleur de graisses d'exception.

Thé vert : découvrez la sagesse extrême-orientale

Depuis des millénaires les Chinois boivent du thé vert. Cette boisson stimule, non seulement le métabolisme et la digestion, mais aussi l'esprit. Le thé vert accroît la créativité, renforce la concentration, éveille les sens et rend plus performant ; c'est un élixir de jouvence et une pharmacie à lui tout seul. Un examen rapide de ses constituants devait vous convaincre de boire chaque jour plusieurs tasses de ce remède-miracle qui fait mincir.

Une tasse de thé vert chaque jour pour votre santé

● Sels minéraux : il contient du calcium et du fluor, renforts des os et des dents, ainsi que du fer, pour l'approvisionnement des cellules en oxygène, ou encore du sodium, du potassium et du magnésium, pour l'entretien du métabolisme. Le thé vert fournit aussi du manganèse aux principaux acteurs du métabolisme que sont les enzymes, et enfin du zinc au système immunitaire et pour la cicatrisation.

Assez de fluor pour des dents saines

● Il renferme des vitamines A, C et E qui désamorcent les radicaux libres, ainsi que des vitamines B, bénéfiques pour la formation du sang et des nerfs.

● Parmi ses composés secondaires, les polyphénols sont une véritable fontaine de jouvence : puissants fixateurs des radicaux libres, retardant le vieillissement des cellules, la survenue du cancer, ils entretiennent le système immunitaire.

CONSEIL !

Autres brûleurs de graisses agréables

Thé noir : il n'est guère d'aliment qui contienne plus de chrome que le thé noir, si ce n'est la noix de pékan. Grignotez-en une avec une tasse de thé, et cet oligo-élément se chargera de faire fondre vos kilos.
Maté : les substances actives des feuilles de maté, arbrisseau originaire d'Amérique du Sud, stimulent le métabolisme et la concentration. Le maté couperait la faim et pourrait à ce titre aider à mincir.
Thé pu-er : les feuilles du Camellia sinensis (nom latin du théier) apaiseraient la sensation de faim et réduiraient le taux des graisses dans le sang. Certains chercheurs estiment toutefois que l'action de ce thé fumé serait analogue à celle du thé noir. À vous de vous faire une opinion.

Profusion de nutriments essentiels : les jus de fruits et de légumes

Les jus de fruits sont d'excellents pourvoyeurs de vitamines, indispensables au bien-être et à la forme. Ne serait-ce que pour leur vitamine C, ils font partie de la cuisine minceur, à condition que les fruits soient fraîchement pressés.

Si vous achetez du jus de fruits en bouteille, il faut qu'il porte l'étiquette *sans addition de sucre*.

Rien que des jus fraîchement pressés

Même si le sucre naturel (fructose)

n'influence pas la production d'insuline, s'ils sont additionnés de sucre, les délicieux jus de fruits vous feront grossir et non mincir.

► Les jus bénéfiques pour la ligne sont ceux à base des fruits suivants : orange, mandarine, pamplemousse, kiwi, pomme, poire, mangue, fraise, mûre, abricot, nectarine et prune. Les jus de banane et de raisin sont moins recommandés parce qu'ils ont un indice glycémique plus élevé.

► **Conseil minceur** : si vous avez soif, vous pouvez couper n'importe quel jus de fruit avec de l'eau minérale - cela réduit par ailleurs les calories de moitié.

Le précieux jus de blé en herbe contient beaucoup de chlorophylle, élimine les toxines et renforce le système immunitaire

Les **jus de légumes** sont excellents pour la ligne, non seulement parce qu'ils contiennent très peu de calories, mais aussi parce qu'ils influent positivement sur l'humeur, le métabolisme et l'esprit, grâce à leurs multiples vitamines, sels minéraux et oligo-éléments - et bien sûr aussi grâce à leurs précieux composés secondaires (page 57).

► **Conseil** : alternez les jus de choucroute, carotte, tomate, betterave rouge, céleri, ortie, épinard ou encore fenouil.

...et tous les jours, un verre à liqueur de blé en herbe

Le jus de blé en herbe (herbe à chat), que l'on peut faire pousser sur le rebord de sa fenêtre, purifie le sang et active le métabolisme. Le goût est une question d'habitude, mais si c'est bon pour la forme !

Vous buvez du vin ?

Vous pouvez continuer : un à deux verres quotidiens sont même recommandés par les médecins. Le vin est, en effet, le plus vieux médicament de mémoire d'homme. Dans l'Antiquité déjà on buvait du vin pour purifier l'intestin, stimuler l'appétit, faciliter le sommeil et même pour apaiser la toux. Aujourd'hui – plusieurs milliers de recherches scientifiques plus loin – on sait que le vin protège le cœur et prévient le cancer.

Un verre par jour reste bénéfique pour la santé

► **Conseil minceur** : choisissez un vin sec. Le plus sec, garanti sans sucre, est le vin pour diabétiques, qui n'entraîne pas l'insuline à vous faire grossir.

Poisons pour la ligne

Mieux vaut éviter les **limonades** et les **boissons au cola** car elles contiennent trop de sucre (1,5 l de boisson au cola contient 35 morceaux de sucre blanc !).

Les boissons sucrées stimulent la sécrétion d'insuline, hormone de la prise de poids

La **bière** contient le pire des glucides, le maltose, dont l'indice glycémique est plus élevé que le sucre. En phase d'amincissement, renoncez complètement à la bière.

Les **alcools forts**, depuis les apéritifs jusqu'aux digestifs, contribuent plus à vous faire grossir que digérer. Mieux vaut, de temps à autre, prendre un verre de champagne.

Petit guide de régime

Vous trouverez ci-après 12 règles précieuses qui vous aideront à commencer le régime de remise en forme en dix jours (pages 72 et suivantes) et vous faciliteront la transition vers votre nouvelle vie dans un corps aminci.

1 Course à jeun

Pour perdre 500 g par jour pendant ces dix jours, vous devrez faire quotidiennement 40 minutes de sport. Achetez-vous de bonnes chaussures de jogging et un cardio-fréquencemètre ; courez 20 à 30 minutes le matin à jeun. La course est l'activité la plus efficace pour perdre du poids. Faites-en une autre (ou une autre marche) le soir avant de vous asseoir devant la télévision. Ce n'est pas une punition ! Vous verrez vite combien l'exercice vous fait du

Vous voulez mincir ? Alors, enfilez vos baskets !

Conseils pour la course

- Démarrez lentement. Ne courez pas sur les talons, mais plutôt sur la plante des pieds. Gardez les bras le long du corps, légèrement pliés, et laissez-les légèrement balancer.
- Le plus important est d'adopter la bonne respiration : inspirez profondément sur trois à quatre foulées, puis expirez profondément sur les trois à quatre foulées suivantes. Tant que vous respirez profondément et régulièrement, vous courez comme il faut.
- Lorsque le cardio-fréquencemètre vous avertit par un bip que vous dépassez les 130 pulsations/s, marchez pendant un moment. Continuez jusqu'à ce que vous ayez récupéré, puis recommencez. De nombreuses personnes peuvent – même lorsqu'elles n'avaient encore jamais couru – courir 30 mn d'une traite avec un pouls à 130.
- Si vous n'aimez pas courir, vous pouvez opter pour la marche rapide. Pour parvenir à cet effet amincissant, prolongez l'exercice 10 à 15 mn.

bien, et comment vous allez en devenir dépendant.
Si votre état de santé vous interdit de courir, vous pouvez faire du home-trainer sur une durée identique.

2 Douche chaude et froide en alternance

Après l'exercice, prenez une douche chaude pendant 3 minutes, puis pendant 20 secondes, passez à l'eau froide (15 °C). Important : dirigez le jet d'eau des extrémités vers le cœur : commencez par les pieds puis étirez les jambes ; passez ensuite aux bras, puis alors seulement au tronc. Ensuite douchez-vous à l'eau chaude durant 30 secondes, puis à nouveau à l'eau froide durant 20 secondes. Répétez la séquence trois fois pour activer votre circulation, stimuler votre métabolisme et exercer votre système circulatoire.

Après l'exercice, prenez une douche pour vous sentir bien toute la journée

3 Règles d'hydratation

Placez un verre d'eau minérale sur votre table de chevet, et buvez-le avant de vous lever le matin, il facilitera votre digestion. Buvez quotidiennement 2, ou mieux encore, 3 litres d'eau minérale. Ajoutez à chaque verre 1/2 citron pressé. Vous pouvez aussi boire du café, ou, mieux, du thé (sans sucre). Évitez toutes les boissons contenant du sucre : limonades, boissons au cola ou jus additionnés de sucre, et renoncez à la bière. Cependant, vous pouvez boire un verre de vin blanc sec sans problème.

4 Pas de jeûne

Évitez de sauter un repas : cela n'est bon ni pour l'esprit, ni pour le corps et stimule les mauvaises hormones. Vous pouvez manger autant de salade, de légumes et de fruits que vous le désirez. Mangez surtout beaucoup de pommes acidulées. Une seule limite : plus de fruits après 17 heures pour ne pas encombrer l'appareil digestif.
Vous pouvez manger une bonne ration de riz complet et de pâtes au blé complet. Hors-d'œuvre idéal : un grand bol de salade.

Rien n'est interdit a priori

5 Musculation

Achetez une bande d'exercice élastique et suivez les instructions d'accompagnement pour entraîner régulièrement 10 à 20 minutes les zones à problèmes : ventre, hanches et cuisses. Votre corps sécrétera alors des hormones dont l'action fait fondre les graisses.

6 À l'écoute de son corps

Midi, l'heure d'aller manger. Allez-vous pour autant manger ? Essayez d'échapper à l'emprise de l'heure, écoutez plutôt votre horloge interne.

De quoi avez-vous véritablement envie ?

Attendez que votre ventre grouille gentiment pour signaler qu'il a besoin de quelque chose. Ensuite, essayez de deviner ce que votre corps – pas votre esprit – aimerait manger.

Votre corps ne dira certainement pas *Rôti de porc avec des quenelles !* En effet, vous ne vous êtes jamais vraiment senti bien après un tel plat. Mais il se pourrait qu'il vous réclame des *fraises au fromage blanc* ou un *grand bol de salade avec un morceau d'escalope de dinde.* Car votre organisme sait d'expérience qu'il se sent bien après des mets de ce type.

Confiture minceur pour les adeptes des sucreries

Cette confiture n'influe pas sur le taux de glycémie. Pour un pot : *250 g de fruits mélangés (fraises, framboises et abricots, par exemple) • 75 g de fructose (magasin bio) • 1/2 gousse de vanille • 1,5 g d'acide citrique • 1/2 cuillerée à café d'agar-agar (gélifiant végétal)*

1 Coupez les fruits, préalablement lavés, en petits morceaux, et mettez-les ensemble dans un récipient. Incorporez le fructose et l'acide citrique et mélangez. Ouvrez la demi-gousse de vanille pour en extraire la pulpe et ajoutez celle-ci.

2 Faites chauffer le tout puis laissez mijoter à feu doux 5 minutes, jusqu'à ce que les fruits se décomposent.

3 Délayez l'agar-agar dans 2 à 3 cuillerées à soupe d'eau froide, incorporez-le aux fruits et faites cuire à feu vif pendant 2 à 3 minutes supplémentaires.

4 Placez la confiture dans un pot préalablement lavé et fermez-le par une capsule quart de tour.

7 Les fans de pâtes

...ne doivent aucunement s'affoler. Essayez les pâtes au blé complet (*pasta integrale*, en italien). Elles sont aussi bonnes. Cela vaut également pour le riz complet.

8 Envies de chocolat

Avec la nouvelle alimentation, les envies de sucré disparaissent également

Chocolat et sucreries vous trottent dans la tête ? Essayez une barre de chocolat amer ou une cuillerée de confiture minceur (ci-contre, dans l'encadré), ou allez courir un moment. Des idées bien plus intéressantes et bien plus importantes vous viendront alors à l'esprit.

9 Règles pour le restaurant

Vous mangez dehors ? Pas de problème. Commandez une salade avec un morceau de viande ou de poisson maigre. Vous pouvez aussi prendre des légumes cuits à l'étuvée avec de la volaille, de la viande ou du poisson ; des tomates avec de la mozzarella (sans pain) ; des spaghetti (au blé complet) avec des crevettes ou de la sauce tomate ; du riz nature aux légumes ; des pleurotes avec de la salade non pommée. À chaque fois, vous pouvez sans problème commander une grosse portion.

Combinez judicieusement - au restaurant comme ailleurs

Faites participer votre partenaire. À deux, le plaisir est doublé. Il vous faut simplement doubler les quantités.

10 Collation du soir

Chaque collation comprend protéines et glucides. Cette combinaison attire les hormones et notamment la sérotonine, propice à un sommeil réparateur, ainsi que l'hormone de croissance, qui élimine la graisse et développe les muscles alors même que vous dormez comme un bébé.

11 Variantes possibles

Vous n'êtes pas tenu(e) de suivre servilement les recettes. Leur but est de vous donner une idée du « bien manger ». Vous pouvez intervertir déjeuner et dîner. Vous pouvez aussi intervertir les jours, augmenter les quantités de salade ou de légumes jusqu'à satiété. Ceux et celles qui ne prennent pas de petit-déjeuner peuvent commencer par un fruit (idéal !) ou par un jus de fruits fraîchement pressés.

12 Les frustrations inutiles de la balance

Ne regardez pas trop la balance. En faisant du sport chaque jour, vous perdez de la graisse, mais vous prenez des muscles, plus lourds que la graisse. Vos jeans préférés et l'œil de l'être aimé en disent plus que le chiffre indiqué par la balance.

L'important, ce n'est pas la balance, mais comment vous vous sentez

Et après le régime ?

Pour la suite, si vous sucrez avec parcimonie, si vous évitez le plus possible la farine blanche et si vous faites régulièrement de l'exercice, vous mincirez et garderez la ligne.

Pas question de se résigner : réfléchissez aux « éléments grossissants » que vous tenez à conserver, parce qu'ils vous font plaisir : les chocolats de la bonne humeur, la pizza du samedi soir, la série policière à 22 heures. Ensuite, autorisez-vous de temps à autre un écart dans votre nouvelle vie.

Régime plaisir en dix jours

Premier jour

Aujourd'hui, commencez par un jogging à jeun. Un peu de courage : sautez du lit et enfilez vos baskets ! Après l'exercice, alternez douche chaude et douche froide, vous vous sentirez renaître.

Et vous apprécierez d'autant plus votre petit-déjeuner. Le matin, accordez-vous une boisson énergétique et l'après-midi, un petit en-cas, et chaque fois que vous avez faim, mangez des fruits ou des légumes.

Au fait : vous pouvez préparer les repas décrits ci-après à la maison et les emmener au bureau.

► **Les recettes sont prévues pour une personne.**

Matin

Salade de fruits au petit-lait

1 cuil. à soupe de flocons d'avoine complète • 1 petite pomme • 1 petite poire • 1 petite orange • 1 prune rouge • 1 cuil. à soupe de jus de citron • 1 cuil. à café de fructose (magasin bio) • 100 ml de petit-lait

1 Faites griller les flocons d'avoine à feu moyen dans une poêle non graissée en les retournant régulièrement.

2 Pelez, épépinez, dénoyautez les fruits et coupez-les finement.

3 Mélangez le tout, puis arrosez de jus de citron et de fructose. Arrosez de petit-lait et saupoudrez les flocons d'avoine grillés.

Sucrez uniquement avec du fructose

La vitamine C est la plus efficace pour le régime. C'est pourquoi il faut en absorber beaucoup au petit-déjeuner

Premier jour

Lait frappé à la fraise

Lavez et coupez grossièrement 70 g de fraises. Mélangez-les avec 2 cuil. à café de concentré de pomme, 1 cuil. à soupe de jus d'orange, 50 g de lait caillé froid à 1,5 % et 75 ml de lait à 1,5 % et passez le tout au mixer. Consommez sans attendre !

Midi

Rosbif à la crème au concombre

100 g de concombre • 1 échalote • 1 cuil. à café d'huile d'olive • 5 cuil. à soupe de bouillon de légumes • Sel • Poivre • Jus d'1/2 citron • 2 cuil. à café de crème aigre • 1/2 cuil. à café de raifort râpé • 1 cuil. à café de persil haché • 50 g de rosbif en tranches

1 Épluchez le concombre et coupez-le en dés. Hachez finement l'échalote et faites-la revenir dans l'huile. Ajoutez les dés de concombre et faites cuire à l'étouffée 3 mn. Versez le bouillon de légumes et laissez mijoter sans couvercle pendant 10 mn.

Pour le bureau : placez la crème au concombre à part

2 Retirez les légumes du feu et réduisez le tout en purée. Ajoutez le sel, le poivre et le jus de citron. Incorporez la crème aigre, le raifort et le persil. Servez le rosbif avec la crème au concombre.

En cas : sandwich au chou-rave

Tartinez de fromage blanc une rondelle de chou-rave, ajoutez du basilic et renouvelez.

Soir

Truite aux poivrons et poireaux

1 truite vidée (d'environ 300 g) • Poivre • Sel • 1 cuil. à soupe de jus de citron • 1 branche de persil • 1 petite gousse d'ail • 100 g de poivrons rouges et jaunes • 1 poireau de 125 g environ • 2 cuil. à soupe d'huile d'olive • 1 noisette de beurre

Collation : yaourt aux flocons d'avoine

Mélangez 2 cuil. à soupe de yaourt maigre avec 1 cuil. à café de sirop d'érable et 1 cuil. à soupe de flocons de céréales complètes.

1 Passez le poisson à l'eau froide, épongez-le dans un torchon, salez, poivrez et arrosez-le de quelques gouttes de citron. Découpez l'ail en lamelles et détachez les feuilles du persil. Mélangez le tout et garnissez la truite.

2 Préchauffez le four à 200 °C. Découpez les poivrons en rondelles puis le poireau légèrement en oblique afin d'obtenir des anneaux fins. Mélangez le tout puis ajoutez le sel, le poivre et l'huile.

3 Placez les légumes sur une feuille d'aluminium. Déposez la truite et recouvrez-la de beurre. Refermez la feuille en papillote.

4 Mettez dans le four préchauffé pendant 30 mn. Accompagnement : 50 g de riz complet.

Deuxième jour

Sautez du lit et enfilez vos baskets !

Alors, comment vous sentez-vous ? Prêt(e) à affronter le 2e jour ? Si vous avez des douleurs dans le corps, c'est que vous êtes surmené(e). Aujourd'hui, courez plus lentement et prenez ensuite un bain à la lavande ou au romarin pour vous détendre. Et n'oubliez pas de boire ! 2 litres d'eau minérale, avec 4 citrons !

Matin

Pain complet et confiture minceur

40 g de fromage blanc allégé (10 % MG) • 1 cuil. à soupe de lait écrémé (1,5 MG) • Jus d'un quart de citron • 1 tranche de pain complet • 2 cuil. à café de confiture minceur (recette p. 71) • 2 feuilles de citronnelle

1 Mélangez le lait et le jus de citron.

2 Tartinez le pain de cette crème puis de confiture. Coupez la mélisse en fines lanières pour en couvrir la tartine.

En-cas : yaourt à la nectarine et à la pulpe d'arbouse

Dénoyautez une nectarine (un abricot ou une pêche). Mélangez 2 cuil. à café de yaourt maigre et 1 cuil. à café de pulpe d'arbouse (avec du miel). Comblez ensuite les creux avec ce mélange.

Boisson : lait chocolaté

Râpez finement 20 g de chocolat amer et réservez 1 cuil. à café pour la décoration. Passez le reste au mixer avec le zeste d'une orange. Faites chauffer 0,2 l de lait écrémé (1,5 % MG), versez-le sur le chocolat et mélangez bien pendant 10 secondes. Versez le tout dans un verre et saupoudrez avec le reste du chocolat râpé.

Midi

Crudités à la vinaigrette de sésame

50 g de carottes • 50 g de raifort • 50 g de courgettes • 50 g de radis • 1/2 pomme acidulée (environ 50 g) • 4 cuil. à café de jus de citron • Sel • Poivre • 1 cuil. à café d'huile de sésame • 1 cuil. à soupe d'huile de colza • 2 cuil. à café de graines de sésame émondées

1 Lavez les légumes, épluchez et épépinez les pommes. Râpez les légumes et les pommes. Placez ces dernières dans un récipient à part et arrosez-les de 2 cuil. à café de jus de citron. Poivrez et salez les légumes, décorez-les avec les pommes râpées.

Pour le bureau : placez le râpé et la sauce dans deux récipients différents

2 Pour la vinaigrette, mélangez le jus de citron restant, le poivre, les huiles de sésame et de colza et battez le tout au fouet. Faites dorer les graines de sésame dans une poêle adhésive sans matière grasse et incorporez-les dans la sauce. Arrosez les crudités de ce mélange.

Deuxième jour

Déjeuner léger : légumes râpés accompagnés d'une vinaigrette au sésame

Soir

Poêlée de dinde et de bettes

80 g de filet de dinde • 200 g de bette • 100 g de tomates cerises • 1 échalote • 1 petite gousse d'ail • 2 cuil. à café d'huile d'olive • Poivre et sel • 50 ml de fond de volaille (en conserve) • 0,5 g de farine de caroube (gélifiant végétal disponible en magasin bio) • 1 cuil. à café de jus de citron • 1 zeste de citron non traité

La bette contient beaucoup de sels minéraux

1 Découpez la dinde en lanières. Lavez les bettes et découpez les feuilles et les tiges en fines rondelles. Lavez et découpez les tomates cerise en deux, épluchez l'échalote et l'ail et découpez-les en très petits dés.

2 Faites chauffer 1 cuil. à café d'huile dans une poêle dans laquelle vous ferez saisir la viande 2 à 3 mn jusqu'à lui donner une couleur dorée. Retirez la viande, salez et poivrez puis conservez au chaud.

3 Faites cuire à l'étuvée l'échalote, l'ail et les tiges de bette pendant 5 mn, salez et poivrez. Ajoutez les feuilles de bette et faites les saisir rapidement. Mélangez le fond et la farine de caroube puis ajoutez-les au reste. Laissez mijoter pendant 3 mn jusqu'à obtenir un mélange onctueux. Salez et poivrez, puis ajoutez le jus et le zeste de citron.

4 Ajoutez les tomates et la viande puis faites chauffer quelques instants. Accompagnement : 50 g de riz complet.

Collation : flocons au petit-lait

Avant de se coucher : mélangez 4 cuil. à soupe de petit-lait, 1 cuil. à café d'extrait de sirop de pomme et 1 cuil. à soupe de flocons fins de céréales complètes.

Troisième jour

Lentement, votre métabolisme se met à brûler les graisses et vous êtes de meilleure humeur, n'est-ce pas ? Aujourd'hui, accordez-vous une heure de soins pour votre corps. Enduisez-vous la peau d'une lotion parfumée pour le corps et vos cheveux d'une crème de soin.

Une meilleure alimentation pour un meilleur moral

Matin

Pain de seigle au cottage cheese et aux tomates

1 tomate bien ferme • 1 oignon blanc • 5 brins de ciboulette • 75 g de cottage cheese à gros caillots (4 % MG) • 1 cuil. à café de jus de citron • Poivre et sel • 1 tranche de pain

1 Épépinez et coupez la tomate en dés. Coupez les oignons en fines rondelles. Émincez la ciboulette. En garder une cuil. à café.

2 Mélangez le tout au cottage cheese. Ajoutez le jus de citron, salez et poivrez abondamment.

3 Disposez le tout dans une assiette et ajoutez la ciboulette restante. Servez la tranche de pain découpée en diagonale.

Boisson : petit-lait aux limes

Râpez finement le zeste d'une lime (citron vert) préalablement passée à l'eau chaude et essuyée. Exprimez le jus du fruit. Mélangez-le avec le zeste, 1 cuil. à café de sucre de canne, 2 cuil. à soupe de yaourt au lait écrémé (0,3 % MG) et 125 ml de petit-lait, passez le tout au mixer et versez le mélange obtenu dans un grand verre.

En-cas : fraises et dip de fromage blanc

Mélangez 2 cuil. à soupe de fromage blanc maigre avec 1 cuil. à soupe de lait écrémé, 1 cuil. à café de fructose et la pulpe d'une demi-gousse de vanille. Triez 100 g de fraises et trempez-les dans la sauce avant de les manger.

Midi

Salade d'endive et de pomme au tofu

1 endive (environ 150 g) • 1 poignée de roquette • 1 petite pomme acidulée • 2 cuil. à café de jus de citron • 2 cuil. à café de graines de tournesol • 75 g de tofu • Poivre et sel • 1 cuil. à soupe de vinaigre de vin blanc • 2 cuil. à soupe de jus d'orange • 2 cuil. à café d'huile d'arachide • 1 cuil. à café d'huile de colza

1 Retirez les 4 premières feuilles de l'endive puis coupez-la dans le sens de la longueur. Lavez la roquette, débarrassez-la des parties dures et hachez-la grossièrement. Coupez les pommes en bâtonnets et arrosez-les immédiatement d'une cuil. à café de jus de citron.

L'endive est un véritable brûleur de graisses

2 Faites rôtir les graines de tournesol sans matière grasse dans une poêle à revêtement antiadhésif. Laissez égoutter le tofu, découpez-le en dés, salez et poivrez. Arrosez-le avec le jus de citron restant.

3 Pour la vinaigrette, mélangez le vinaigre, le jus d'orange et le sel, puis incorporez les huiles d'arachide et de colza. Mélangez les ingrédients de la salade à la sauce.

4 Disposez la salade sur les 4 feuilles d'endives. Accompagnement : 1 tranche de pain complet.

Soir

Filets de sole aux noix et aux brocolis

150 g de filets de sole • 2 cuil. à café de jus de citron • Sel et poivre • 300 g de brocolis • 1 échalote • 1 noisette de beurre • 150 ml de fond de légumes (en bocal) • noix de muscade • 1 cuil. à café d'huile de tournesol • 2 cuil. à café de noix hachées

1 Lavez puis épongez la sole. Arrosez de jus de citron, salez et poivrez. Lavez les brocolis et séparez les boutons des tiges.

2 Faites revenir l'échalote et le brocoli 2 mn dans la noix de beurre. Versez le fond de légumes et faites cuire les légumes à l'étouffée 5 à 8 mn. Salez et poivrez. Ajoutez la noix de muscade râpée.

3 Faites dorer les filets de sole à l'huile à feu doux de chaque côté pendant 3 mn. Ajoutez les noix. Servez avec le brocoli. Accompagnement : 50 g de pommes vapeur.

Collation : biscuit aux prunes

Étalez 1 cuil. à café de fromage blanc sur un gâteau à la farine complète et surmontez le tout d'un pruneau.

Non seulement le brocoli accompagne divinement le poisson, mais il est aussi plein de vitamines, de sels minéraux et d'oligo-éléments.

Quatrième jour

Vous devriez sentir la vitalité que vous donnent les brûleurs de graisses. Écoutez les signaux que vous envoie votre corps. Si vous avez envie d'une salade niçoise ou de pâtes, ça tombe bien. Sinon, choisissez un plat parmi l'une des autres recettes ou l'un des brûleurs de graisses dans le tableau.
Continuez l'exercice le matin à jeun ! Si vous tenez les premiers jours, ensuite vous n'y penserez même plus.

Commencez la journée par un petit-déjeuner « Brûleurs de graisses » : vitamines et protéines.

Boisson : mélange de kiwi et de kéfir

Pelez un kiwi et découpez-le en petits morceaux. Mélangez avec 1 cuil. à café de miel d'acacia, 1 cuil. à café de jus de citron et 50 ml de jus multivitaminé (sans sucre) et passez le tout au mixer. Versez 100 g de kéfir froid (1,5 % MG). En été, mettez deux glaçons dans un grand verre et versez le mélange par-dessus. Remarque : vous pouvez utiliser des groseilles simples ou des groseilles à maquereau.

Matin

Coupe froide au yaourt et à la nectarine

125 g de kéfir (1,5 % MG) • 75 g de yaourt au lait écrémé (0,3 % MG) • 2 cuil. à soupe de flocons fins de céréales complètes • 2 cuil. à soupe de fructose • 1/2 citron non traité 1/2 nectarine • 2 cuil. à soupe de myrtilles fraîches ou congelées • 1 ou 2 feuilles de menthe

1 Mélangez le kéfir, les flocons et le fructose. Incorporez un peu de zeste et 1 cuil. à soupe de jus du citron. Placez le mélange dans une assiette creuse.

2 Coupez la nectarine en tranches fines. Lavez et triez les myrtilles (ou laissez-les dégeler). Recouvrez de ces fruits le mélange précédent. Décorez de feuilles de menthe fraîche.

Caractéristique des citrons : ce qui est acide fait maigrir

Quatrième jour

Midi

Salade niçoise

1 œuf • tomates à volonté, poivrons jaunes et laitue pommée • 1/2 petit oignon blanc • 40 g de thon au naturel (en boîte) • 1 tranche d'édam (30 % MG) • 1/2 gousse d'ail • 1 cuil. à soupe de vinaigre de vin • Sel et poivre • 2 cuil. à soupe d'huile d'olive • 3 olives noires • 4 feuilles de basilic

1 Faites durcir un œuf et coupez-le en huit.
2 Coupez les tomates et les poivrons en petits morceaux. Épluchez les oignons et coupez-les en fines rondelles. Coupez le fromage en bâtonnets puis égouttez et émiettez le thon.
3 Faites une vinaigrette dans un bol préalablement frotté à l'ail. Pour le bureau, versez dans un récipient hermétiquement fermé.
4 Mélangez les ingrédients et ajoutez les feuilles de basilic. Mélangez avec la vinaigrette au bureau.

En-cas : de pain de seigle aux radis

Tartinez 2 médaillons de pain de seigle d'une cuil. à café de cottage cheese à gros caillots et ajoutez 2 radis. Salez et poivrez.

Soir

Spirali aux haricots verts et jambon

150 g de haricots verts • 100 g de cocos • 1/2 oignon rouge • 1 petite gousse d'ail • 2 cuil. à café d'huile d'olive • 1 pincée d'herbes de Provence • Sel et poivre • 6 cuil. à soupe de bouillon de légumes • 1 g de farine de caroube (gélifiant végétal disponible en magasin bio) • 2 cuil. à café de crème aigre (10 % MG) • 80 g de spirali de blé complet • 25 g de jambon fumé

1 Mettez à cuire les haricots verts 7 mn à l'eau salée. Retirez-les avec une écumoire, laissez-les égoutter puis coupez-les en deux. Faites blanchir les cocos 5 mn à l'eau salée. Laissez-les ensuite égoutter et débarrassez-les de leur peau.
2 Hachez finement l'ail et l'oignon et faites cuire le tout 3 mn à l'étouffée. Ajoutez les haricots et les herbes. Salez et poivrez.
3 Versez le bouillon de légumes et la farine de caroube sur les légumes. Laissez mijoter 2 à 3 mn, retirez du feu et incorporez la crème aigre.
4 Faites cuire les pâtes al dente et laissez égoutter. Ajoutez les légumes et le jambon en lanières.

Les haricots comptent parmi les meilleurs brûleurs de graisses

Collation : kéfir au son

Mélangez 3 cuil. à soupe de kéfir allégé, 1 cuil. à café de jus de poire concentré et 2 cuil. à café de son d'avoine complète.

Cinquième jour

Mi-temps ! Cet après-midi, faites en plus 15 mn de saut à la corde, pour le cœur et la circulation : 3 mn en courant, 3 mn en sautant sur place et ainsi de suite…

Matin

Fruits exotiques et kéfir aux limes

75 g de kéfir allégé (1,5 % MG) • 1/2 lime • 1 petit kiwi • 100 g de mangue • 100 g de papaye • 2 physalis ou 2 litchis

Ce sont les fruits exotiques qui contiennent le plus d'enzymes.

1 Mélangez le kéfir avec 1 cuil. à café de jus de lime puis liez le tout à un peu de zeste du fruit.

2 Pelez les kiwis et coupez-les en huit. Pelez la mangue et la papaye et coupez-les en tranches fines. Relevez les feuilles du calice des physalis ou pelez les kiwis.

3 Disposez les fruits sur une assiette. Arrosez avec le jus restant de la lime. Nappez le tout de sauce au kéfir.

En-cas : bâtonnets de légumes

Taillez en bâtonnets 250 g d'un assortiment de légumes crus (céleri en branches, poivrons rouge, jaune et vert, chou-rave et fenouil) pour ensuite les grignoter.

Boisson : petit-lait aux herbes et à la tomate

Lavez puis épongez 1 botte de cerfeuil, 2 branches de persil et 4 feuilles de basilic. Hachez-les finement au mixer. Ajoutez 1 cuil. à soupe de jus de citron et 100 ml de jus de tomate froid, puis réduisez le tout en purée. Versez ensuite 100 ml de petit-lait, salez et poivrez. Mélangez intimement le tout 10 secondes au mixer. Versez le liquide obtenu dans un grand verre. Décorez avec les feuilles de cerfeuil.

Midi

Blanc de poulet grillé et sa sauce mangue-cacahuètes

80 g de blanc de poulet • 1 échalote • 1 pincée de thym séché • Sel et poivre • 1 cuil. à café d'huile de tournesol • 200 g de mangue • 100 g de poivrons rouges • 1 oignon blanc • 4 cuil. à café de cacahuètes • 4 cuil. à café de jus de lime • 2 à 3 gouttes de sauce Tabasco

1 Lavez puis épongez la viande. Hachez finement l'échalote puis ajoutez le thym, le sel, le poivre et l'huile. Enduisez les filets sur les deux côtés avec le mélange pimenté, puis couvrez-les et laissez-les reposer 15 mn dans une assiette au réfrigérateur.

2 Coupez la mangue en petits dés et les oignons blancs en fines rondelles. Hachez finement les cacahuètes. Mélangez-les avec le poivron et le jus de lime. Relevez avec le sel et la sauce Tabasco.

Cinquième jour

Sauce à la mangue et blancs de poulet grillés : un plat facile à emporter, aussi délicieux froid que chaud.

Variante pour la sauce : abricots ou papayes

3 Mettez le four à préchauffer. Placez le blanc de poulet sur la grille et faites-le dorer 5 à 7 mn de chaque côté. Servez avec la sauce.

Soir

Soupe chinoise au tofu

50 g de champignons shiitake • 30 g d'épinards en branches • 1 oignon blanc • 3 tomates cerise • 50 g de tofu • 1 petite gousse d'ail • 1 noisette de gingembre • 1 cuil. à café d'huile de tournesol • 400 g de fond de légumes (en conserve) • 2 cuil. à café de sauce de soja • 1 cuil. à café d'huile de sésame • 1 cuil. à café de vinaigre • sel et poivre

1 Épluchez l'ail et le gingembre et hachez-les finement. Nettoyez et équeutez les champignons et découpez les têtes en fines lamelles. Hachez grossièrement les épinards, coupez les oignons en fines rondelles et les tomates cerise en deux. Coupez le tofu en dés.

2 Faites cuire l'ail, le gingembre et les champignons 2 mn dans de l'huile chaude. Versez le fond de légumes, faites bouillir puis laissez mijoter 5 mn à feu moyen. Ajoutez les autres ingrédients et laissez cuire à feu doux 2 à 3 mn sans porter à ébullition. Ajoutez la sauce de soja, l'huile de sésame et le vinaigre, puis salez et poivrez.

Collation : cottage cheese aux abricots

Découpez en petits dés 2 abricots secs non traités au soufre, mélangez-les avec 1 cuil. à soupe de chapelure de pain noir et 2 cuil. à soupe de cottage cheese à gros caillots.

Sixième jour

Vous avez déjà fait la moitié du chemin

Vous avez des fourmis dans les jambes ? Bientôt, vous verrez, le jogging deviendra aussi naturel que de se brosser les dents. Aujourd'hui encore, n'oubliez pas d'exercer vos muscles. Prenez 15 mn de votre temps pour vous façonner un joli corps avec une bande élastique Théra-Band.

Matin

Müesli aux pommes

1 pomme acidulée • 2 cuil. à café de jus de citron • 1 pincée de cannelle • 100 g de lait caillé (3,5 % MG) • 3 cuil. à soupe d'un mélange de flocons de céréales complètes • 1 cuil. à soupe de raisins secs • 1 cuil. à soupe de noisettes hachées

1 Pelez délicatement la pomme puis râpez-la jusqu'aux pépins. Mélangez avec le jus de citron, la cannelle et le lait caillé.

2 Ajoutez les flocons, les raisins secs, les noisettes et mélangez soigneusement le tout.

Boisson : kéfir au pamplemousse

Pelez 1/2 pamplemousse rose, dégagez les filets et récupérez le jus. Passez les filets, le jus, 1 cuil. à café de jus de citron et 2 cuil. à café de suc d'argousier (magasin bio) au mixer. Ajoutez 125 g de kéfir froid (1,5 % MG) et passez rapidement au mixer. Versez le mélange dans un verre à sirop.

En-cas : jambon à la papaye

Dénoyautez et pelez une moitié de papaye puis coupez-la en deux et évidez-la. Placez 3 tranches de jambon fumé dans la cavité et poivrez légèrement.

Midi

Tomates farcies au guacamole

2 tomates • 1/2 avocat mûr • 1/2 lime • 1 oignon blanc • 4 brins de coriandre (ou à la rigueur de persil) • sel • quelques gouttes de Tabasco

1 Découpez un chapeau sur les tomates et évidez-les avec une petite cuillère. Retournez-les sur du papier crêpe avec l'ouverture vers le bas.

2 Dénoyautez l'avocat, retirez la pulpe et réduisez-la en purée avec le jus de lime.

L'avocat : l'aliment minceur miracle

3 Coupez l'oignon en fines rondelles. Lavez, essorez et hachez grossièrement la coriandre à l'exception de quelques feuilles. Mélangez l'oignon et la coriandre avec la purée d'avocat. Ajoutez le sel, le Tabasco et le zeste de lime afin d'obtenir un mélange bien épicé.

4 Fourrez les tomates avec la purée d'avocat, replacez les chapeaux et décorez avec les feuilles de coriandre.

Accompagnement : une tranche de pain complet.

Soir

Poêlée asiatique de petits pois et de crevettes

Recette facile à réaliser avec un wok

100 g de langoustines décortiquées (fraîches ou congelées) • 150 g de haricots mange-tout • 30 g de petits pois congelés • 75 g de champignons de Paris • 1 noix de gingembre • 1 gousse d'ail • 1 oignon blanc • 4 cuil. à soupe de fond de volaille (en conserve) • 1 cuillerée à soupe de sauce de soja • 2 cuil. à café de xérès • 0,5 g de farine de caroube (gélifiant végétal) • 2 cuillerées à café d'huile de tournesol • sel et poivre • 1 cuil. à café de graines de sésame grillées

1 Lavez puis épongez les langoustines. Décongelez les petits pois. Nettoyez et coupez les champignons en deux. Découpez le morceau de gingembre, l'ail et l'oignon blanc en petits dés.

2 Mélangez intimement le fond de volaille, la sauce de soja, le xérès et la farine de caroube.

3 Faites bien chauffer l'huile dans une poêle ou un wok. Faites revenir les langoustines 1 à 2 mn sans cesser de remuer. Ajoutez le gingembre, l'ail et l'oignon, juste le temps de les saisir. Ajoutez les haricots mange-tout, les petits pois et les champignons, pour les faire cuire 3 mn à l'étuvée. Versez la sauce épicée et laissez mijoter pendant 2 minutes. Ajoutez les langoustines puis assaisonnez. Parsemez de graines de sésame. Accompagnement : 50 g de riz complet.

Collation : galette suédoise au fromage blanc et au miel

Mélangez 1 cuil. à soupe de fromage blanc et 1 cuil. à café de miel. Étalez sur une galette suédoise aux graines de pavot.

Comme tous les crustacés, les langoustines sont d'excellents brûleurs de graisses : elles contiennent beaucoup de protéines et peu de lipides. Délicieuses avec des mange-tout et une sauce piquante.

Septième jour

Alimentation « brûleurs de graisses » type : fruits et légumes à volonté, suffisamment de protéines, peu de lipides et pas du tout de sucre. N'oubliez pas que la faim déclenche les mauvaises hormones, aussi mangez toujours suffisamment.

Boisson : cocktail au concombre et à la mangue

Pelez un morceau de concombre de 80 g, ouvrez-le en deux, éliminez les pépins et tournez la pulpe en gousses. Pelez un morceau de 60 g de mangue et coupez-le en petits dés. Ajoutez 1 cuil. à soupe de jus de lime, 50 g de yaourt (3 % MG) et 100 g de petit-lait. Mélangez et passez le tout au mixer. Assaisonnez avec le sel et le poivre, le curry et le Tabasco.

Matin

Müesli aux baies et yaourt aux pistaches

1 cuil. à soupe d'amandes hachées • 3 cuil. à soupe de flocons d'avoine complète • 150 g d'un mélange de baies fraîches ou congelées • 100 g de yaourt maigre (0,3 % MG) • 1 cuil. à café de fructose (magasin bio) • 2 cuil. à café de pistaches • 1 ou 2 feuilles de menthe

1 Faites roussir les amandes dans une poêle, sans corps gras, puis incorporez-les aux flocons d'avoine.

2 Passez rapidement les baies à l'eau, triez-les, coupez les fraises en petits morceaux (laissez décongeler les baies congelées pendant la nuit).

3 Mélangez le yaourt, le fructose et les pistaches hachées. Versez ce mélange sur les fruits et les flocons et décorez de feuilles de menthe.

Similaire au müesli, cette préparation est un concentré d'énergie : baies, noix et flocons regorgent de nutriments essentiels.

Septième jour

Midi

Salade marine asiatique

Filet de cabillaud de 150 g • 200 ml de fond de poissons (conserve) • 1 feuille de laurier • 1/2 citron • 100 g de pousses de soja frais • 1 tomate • 1 oignon blanc • 4 brins de coriandre (de persil) • 3 cuil. à soupe de vinaigre • 1 cuil. à soupe de sauce soja • sel et poivre • 1 cuil. à soupe d'huile de colza

En-cas : rouleaux de dinde à la mangue

Placez une feuille de laitue pommée et un bâtonnet de mangue sur deux escalopes de dinde (30 g environ), formez 2 rouleaux.

1 Passez le poisson à l'eau froide. Mélangez le fond de poisson avec les feuilles de laurier, 2 rondelles de citron, 2 cuil. à soupe de vinaigre et portez le tout à ébullition. Laissez mariner le poisson 12 mn à feu doux dans cette sauce.
2 Arrosez rapidement les pousses de soja d'eau bouillante, laissez-les égoutter. Coupez la tomate en 8, l'oignon en fines rondelles. Gardez les feuilles de coriandre.
3 Mélangez le vinaigre, la sauce soja, le sel et le poivre, 2 cuil. à soupe de liquide de pochage et l'huile.
4 Laissez égoutter le poisson, découpez-le en morceaux que vous recouvrez de pousses de soja, de tomate et de coriandre, puis trempez-les dans la vinaigrette. Accompagnez de pain complet.

Mangez du poisson au moins une fois par semaine

Soir

Risotto aux légumes variés

1/2 petit oignon blanc • 1 petite gousse d'ail • 2 cuil. à café d'huile d'olive • 60 g de riz complet • 1 pincée de thym fraîchement haché • 2 cuil. à soupe de vin blanc sec • 1/4 l de bouillon de légumes • 50 g de carottes • 50 g de chou-rave • 50 g d'oignons de printemps • sel et poivre • 1 à 2 cuil. à café de jus de citron • 3 feuilles de citronnelle • 1 cuil. à soupe de parmesan fraîchement râpé

1 Coupez les oignons et l'ail en dés et faites-les revenir dans l'huile chaude. Incorporez le riz et faites-le également revenir à feu doux jusqu'à ce que les grains soient transparents. Ajoutez le thym et déglacez au vin blanc. Ajoutez progressivement le bouillon chaud et laissez cuire 30 mn à feu couvert.
2 Pelez les carottes et le chou-rave et découpez-les en petits dés. Lavez les oignons blancs et coupez-les en fines rondelles. Attendez 20 mn puis incorporez les légumes au risotto et laissez cuire encore 10 mn.
3 Salez, poivrez, citronnez le risotto. Détaillez la citronnelle en fines lamelles, et répandez-les avec le parmesan sur le risotto.

Accommodez le risotto de vos légumes préférés

Collation : tartine de crème et de fanes de carottes

Tartinez 1/2 tranche de pain complet d'une cuil. à café de crème puis d'une cuil. à café de fanes de carottes.

Huitième jour

Vous devriez avoir perdu 4 kg. Sinon, c'est (a) que vous ne courez pas du tout ou (b) que vous courez trop vite - en régime anaérobie, le corps ne brûle aucune graisse. Il se peut aussi (c) que vous ayez essayé de nombreux régimes et que votre métabolisme soit si « désaccordé » qu'il lui faille plus de temps pour s'adapter. Ne brusquez pas votre organisme. Les résultats viendront un peu plus tard, mais ils viendront.

Sans exercice quotidien, pas de résultats.

Matin

Agrumes à la crème d'avocat

1 pamplemousse rose • 1 orange • 1/2 avocat • 50 g de yaourt maigre (0,3 % MG) • 1 cuil. à café de fructose (magasin bio) • 1 cuil. à café de noix hachées

1 Pelez le pamplemousse et l'orange puis dégagez les filets. Passez-les au chinois et recueillez le jus.

2 Dénoyautez l'avocat, extrayez la pulpe et réduisez-la en purée avec le jus des fruits, le yaourt et le fructose. Placez la crème d'avocat dans un récipient plat et recouvrez avec les filets de pamplemousse et d'orange. Décorez le tout de noix hachées.

La combinaison optimale : avocat et beaucoup de vitamine C

Boisson : lait frappé au sureau et à la poire

Pelez, épépinez et coupez en morceaux 75 g de poire que vous passerez au mixer avec 2 cuil. à café de jus de citron et 1 cuil. à café de concentré de jus de poires. Incorporez 4 cuil. à soupe de jus de fruits de sureau (sans sucre) et 100 ml de lait (1,5 % MG), et mélangez le tout quelques instants. Versez dans un grand verre et décorez de feuilles de citronnelle.

Midi

Pleurotes grillées à la sauce au yaourt et au basilic

150 g de courgettes • 150 g de pleurotes • 2 cuil. à café d'huile d'olive • 2 cuil. à soupe de jus de citron • sel et poivre • 75 g de yaourt maigre (0,3 % MG) • 6 feuilles de basilic • 2 cuil. à soupe de crème aigre

1 Lavez les courgettes et coupez-les en rondelles de 0,5 cm d'épaisseur. Nettoyez et escalopez les champignons .

2 Enduisez un gril d'huile. Faites

En-cas : rondelles de concombre fourrées

Lavez et évidez 130 g de concombre. Mélangez 2 cuil. à soupe de fromage blanc, 2 cuil. à café de cerfeuil ou d'aneth haché, du sel et du poivre. Placez cette préparation dans le milieu du concombre, mettez le tout à refroidir pendant 1/2 heure. Découpez ensuite le concombre en rondelles.

Huitième jour

Aussi bon chaud que froid : pleurotes et courgettes grillées et leur dip au basilic

dorer les courgettes et les champignons 5 mn à feu vif sans cesser de remuer. Arrosez de jus de citron puis salez et poivrez.

Pour le bureau, placez le dip dans un récipient à part

3 Pour la sauce, réduisez en purée le yaourt et le basilic, salez puis incorporez la crème aigre.

Accompagnement : galette suédoise aux graines de sésame.

Soir

Minestrone minute

1 échalote • 1 gousse d'ail • 2 cuil. à café d'huile d'olive • 200 g de légumes potagers congelés • 1/4 l de bouillon de légumes • 1 tomate • 1 pincée de thym haché • 1 feuille de laurier • 80 g de blanc de poulet • 50 g de haricots blancs (cuits ou en conserve) • sel et poivre • 4 feuilles de basilic • 2 cuil. à café de parmesan fraîchement râpé

1 Détaillez l'échalote et l'ail en petits dés et faites-les revenir dans de l'huile. Ajoutez les légumes décongelés et laissez cuire à l'étuvée 2 mn. Ajoutez le bouillon de légumes et faites revenir.

2 Coupez grossièrement les tomates en dés et ajoutez-les, ainsi que le thym et le laurier, dans la soupe. Laissez mijoter à couvert pendant 10 mn à feu moyen.

3 Lavez, épongez puis découpez la viande en fines lanières. Versez-les dans la soupe avec les cocos, puis faites chauffer le tout 5 mn et assaisonnez.

Ajoutez le basilic frais seulement à la fin.

4 Émincez le basilic en fines lanières et parsemez-les sur le minestrone avec le parmesan.

Collation : lait caillé aux graines de lin

Mélangez 2 cuil. à soupe de lait caillé allégé, 1 cuil. à café de sucre de canne, 2 cuil. à café de graines de lin et 2 cuil. à café d'un mélange de céréales complètes.

Neuvième jour

Avant-dernier jour : vous touchez au but. Régalez-vous et bon appétit. En courant , vous emmagasinez un autre amincissant : la lumière. Les rayons du soleil relèvent la concentration de sérotonine dans le cerveau. Ce médiateur chimique procure un sentiment de bien-être et freine l'envie de sucré.

Matin

Flocons d'avoine complète au fromage blanc et à la mousse de quetsches

100 g de quetsches • 2 cuil. à café de jus de citron • Zeste d'un citron (non traité) • 1 pincée de cannelle et 1 pincée de clou de girofle • 80 g de fromage blanc allégé • 4 cuil. à soupe de kéfir allégé (1,5 % MG) • 3 cuil. à soupe de flocons d'avoine complète

Quetsches et prunes sont vos meilleures alliées pour mincir

1 Dénoyautez et coupez les quetsches en petits morceaux. Placez-les dans une casserole avec 1 cuil. à soupe d'eau et le jus de citron et mettez-les à cuire à feu doux 5 mn à l'étuvée. Passez ensuite le tout au mixer.

2 Agrémentez la mousse ainsi obtenue du zeste de citron, de la cannelle et du clou de girofle.

3 Mélangez le fromage blanc et le kéfir avec les flocons d'avoine. Dans un petit récipient, étalez alternativement une couche de fromage blanc aux flocons d'avoine et de mousse de quetsches.

Boisson : lait frappé à la betterave rouge

Épluchez et détaillez 50 g de céleri en petits dés. Ajoutez 75 ml de jus de betterave et réduisez le tout au mixer. Complétez par 100 ml de petit-lait, salez et poivrez. Versez le mélange obtenu dans un grand verre.

En-cas : galette suédoise à la tomate

Tartinez une tranche de galette suédoise au seigle d'une cuil. à café de fromage blanc maigre. Couvrez le tout de rondelles de tomates, salez et poivrez puis ajoutez 1 cuil. à café de ciboulette émincée.

Midi

Omelette crevettes et épinards

50 g de crevettes cuites décortiquées • 50 g d'épinards en branches tendres • 50 g de poivron rouge • 2 échalotes • 1 gousse d'ail • 1 cuil. à café d'huile de colza • sel et poivre • noix de muscade râpée • 2 œufs • 4 cuil. à soupe de lait allégé (1,5 % MG)

Mangez des fruits de mer le plus souvent possible

1 Lavez et coupez les épinards. Émincez les échalotes en fines rondelles. Épluchez l'ail.

2 Faites dorer les échalotes, l'ail réduit en purée, et le poivron 3 mn à l'huile sans cesser de remuer. Incorporez les crevettes et les épinards et faites cuire à l'étu-

vée 1 mn. Ajoutez le sel et le poivre sans oublier la noix de muscade.

3 Battez au fouet les œufs et le lait, puis versez le mélange sur la préparation précédente et faites prendre 5 mn à feu moyen.

Collation : mélange de miel et de lait

Mélangez 4 cuil. à soupe de lait écrémé avec 1 cuil. à café de miel et 1 cuil. à soupe de flocons fins de céréales complètes.

Soir

Carpaccio de chou-rave et boulettes de fromage blanc

70 g de fromage blanc maigre (10 % MG) • 30 g de fromage frais allégé • 2 cuil. à café d'émincé de ciboulette • 1 cuil. à café de jus de citron • sel et poivre • 2 cuil. à café de graines de courge • 1 petit chou-rave • 2 radis • 1 oignon blanc • 2 cuil. à soupe de vinaigre de vin blanc • 2 cuil. à café d'huile de graines de courge • 1 cuil. à soupe d'huile de tournesol

1 Mélangez le fromage blanc, le fromage frais et la ciboulette. Citronnez, salez et poivrez. Placez ce mélange dans une petite coupe et mettez-le 30 mn au compartiment congélateur du réfrigérateur.

2 Faites griller les graines de courge sans matières grasses dans une poêle antiadhésive. Épluchez et détaillez le chou-rave en fines tranches avec la râpe à légumes. Lavez les radis et les oignons blancs, émincez les premiers en fines lamelles et les seconds en rondelles.

3 Pour la marinade, mélangez le sel, le poivre et les deux types d'huile. Disposez les tranches de chou-rave sur une grande assiette et arrosez-les de marinade. Ajoutez les radis, les oignons blancs et les graines de courge.

4 À l'aide de deux cuil. à café humidifiées, formez des boules dans le mélange de fromage frais et posez-les sur le carpaccio. Accompagnement : pain de seigle.

Le carpaccio de chou-rave fournit de nombreuses vitamines et les boulettes de fromage blanc apportent les protéines nécessaires.

Dixième jour

Depuis le temps, vous devriez être convaincu(e) que « l'exercice est bénéfique, tout comme l'alimentation à base d'aliments brûleurs de graisses ». Nous vous présentons les deux dernières recettes gourmandes, ensuite vous pourrez voler de vos propres ailes.

Poursuivez ce régime, cela en vaut la peine !

Matin

Galette suédoise au saumon et au concombre

30 g de concombre • 30 g de saumon fumé en tranches • 2 brins d'aneth • 2 cuil. à café de crème aigre • sel et poivre • 2 galettes suédoises au seigle

1 Passez l'aneth sous l'eau puis secouez-le pour l'égoutter. Réservez 2 pointes pour décorer. Hachez-le finement et mélangez-le à la crème aigre puis salez et poivrez. Tartinez les galettes de ce mélange.

2 Pelez le concombre. Coupez-le en fines rondelles que vous étalerez sur les galettes. Couvrez avec les tranches de saumon et décorez avec les pointes d'aneth.

Boisson : petit-lait mangue/coco

Détaillez 80 g de mangue en petits dés. Ajoutez 2 cuil à soupe de jus de lime, 1 cuil. à café de sirop d'érable et 30 g de lait de coco non sucré et mélangez au mixer. Ajoutez 100 g de petit-lait froid, mélangez à nouveau.

En-cas : kiwi à la coque

Coupez un kiwi et mangez la pulpe à la cuillère comme pour un œuf à la coque.

Midi

Ratatouille froide

50 g de poivrons rouge et jaune • 75 g de courgette • 50 g d'aubergine • 1 gousse d'ail • 200 g de tomate • 1 cuil. à soupe d'huile d'olive • 1 cuil. à café de jus de citron • 1 cuil. à café de câpres • 1 cuil. à café de jus de câpres • sel et poivre • persil

1 Lavez et nettoyez les légumes. Détaillez le poivron en morceaux de 2 cm d'épaisseur, et la courgette en rondelles. Coupez l'aubergine dans le sens de la longueur en tranches fines. Épluchez l'ail.

2 Ébouillantez les tomates, puis les rafraîchir et les peler. Épépinez-les et coupez-les en gros dés.

3 Mettez l'huile à chauffer et faites dorer la courgette et l'aubergine 2 mn. Ajoutez l'ail préalablement réduit en purée. Ajoutez les poivrons et faites-les cuire 3 mn avec le reste de la préparation. Incorporez les moitiés de tomate et assaisonnez le tout avec le jus de citron, les câpres et le jus de câpre ainsi que le sel et le poivre. Faites cuire 5 mn à l'étuvée.

4 Hachez grossièrement les feuilles de persil. Incorporez-les ainsi que les tomates restantes au mélange précédent. Laissez refroidir et servez avec du pain complet.

Vous pouvez bien sûr aussi servir la ratatouille chaude

Dixième jour

L'asperge n'est pas réservée aux gourmets : mangez-en autant que vous en avez envie, car c'est un véritable brûleur de graisse

Soir

Asperges vertes au filet de lapin

200 g d'asperges vertes • 80 g de filet de lapin • sel et poivre • 1 cuil. à café de thym haché • 1 cuil. à café d'huile de tournesol • 75 g de yaourt maigre (0,3 % MG) • 50 g de crème aigre • 1 cuil. à café de crème aigre • 1 poignée de cerfeuil

1 Lavez et nettoyez les asperges et pelez le tiers inférieur. Plongez-les dans l'eau salée bouillante, et faites les cuire 10 à 15 mn ; elles doivent rester craquantes.

En dehors de la saison des asperges variez avec du brocoli

2 Débarrassez le râble de sa peau et découpez-le en fines tranches assaisonnées sur les deux côtés de sel, de poivre et de thym.

3 Enduisez un gril d'huile et faites dorer le râble 4 mn en le retournant régulièrement.

4 Mélangez yaourt, crème aigre et jus de citron. Mettez à chauffer sans ébullition. Salez, poivrez. Passez le cerfeuil à l'eau, triez-le, hachez-le finement et incorporez-le au mélange précédent.

5 Placez les asperges dans une assiette, arrosez-les de sauce au cerfeuil, puis disposez la viande.

Accompagnement : pommes de terre en robe des champs.

Collation : bonbons au chocolat et au lait

Faites chauffer 8 cuil. à soupe de lait écrémé et 3 cuil. à café de chocolat amer finement râpé. Mélangez 1/4 de cuil. à café d'agar-agar avec 2 cuil. à soupe d'eau, incorporez le tout à la préparation précédente et laissez mijoter 2 mn. Répartissez ce mélange dans un bac à glaçons et laissez prendre 1/2 heure au réfrigérateur. En collation du soir, prenez deux de ces bonbons glacés.

Index des recettes

Index

S

T

V

Y

Crédits photographiques :
Fotostudio Schmitz (Première page, quatrième de couverture, p. 1, 2 d., 4, 19, 22, 29, 40, 43, 47, 50, 52, 53, 54, 55, 58, 60, 61, 65, 67, 72, 75, 77, 78, 81, 83, 84, 87, 89, 91)
Autres photos : Jump : p. 6 (Vey), 56 (Falck) ; Mauritius : p. 9 (Beyer), 16 (ACE), 28 (Rosenfeld), 57 (Clasen), 68 (AGE) ; Henriette Rintelen : p. 30 ; Stock Market : p. 38 (Schäfer) ; Christian Teuber : p. 33, 34, 59 ; Tony Stone : p. 10 (Day), 11 (Taylor), 12 (Grey), 15 (Sanders), 21 (O'Clair), 24 (O'Leary), 26 (Perlstein), 44 (Darell), 48 (Davies & Starr), 62 (Everard), 71 (Dreyer)

Traduction française de Claude Checconi

Dépôt légal : avril 2004 – ISBN 2 7114 1479 5
Imprimé en Belgique par la SNEL – 31396.